浜町音頭で町興し

中央区・日本橋の誇りあるソフトレガシー

小木一央

はじめに

二度目の東京オリンピックがやって来る。

人生のエンターテイメントとしては真に待ち遠しいほどに楽しいのだが、ＩＴがらみの産業革命の世界的な時代の転換期を迎えて、人口減少と平成世代への交代期という満ち潮が重なって、わが歴史と伝統の文化圏に、どれほどの津波ショックとなるのか危惧している。問題は津波の去った後に来る、文明の質である。

祝祭の日数を増やしてその意味を問わずの現世、「バレンタインデー、ハロウィン、クリスマス…」に興じる子供達の姿や、「幼稚園児から英語教育を…、」の記事に、「浮き草、根なし草」「漂流国家日本…」そんなイメージばかりが浮かんでくる。文明の大津波となった前回一九六四年のオリンピックは、東京いや日本中を激変させた。

都心でも、日本橋川や隅田川の空と水の素朴な風景、江戸・明治期からの残り香、清廉朴訥の日本人像、父母を囲む茶の間風景、不便でも節操のある衣食住とくらし、と変貌の原因の何もかもがオリンピックのせいではないが、百年の構想であるべき理想の国家や首都像が、たった半月の祭典のために、浅慮拙速、反対住民の少ない河川を埋め立て、上には高速道路を張り付けて、場当たりで無機質な大東京の姿を今に晒している。

繰返さないで欲しい。残すべきは、強調すべきは、千年の日本人の暮らしの叡智。「季節」が、「四季」が主役の、八百万の神々に見守られた日本人の幸せとは、人間らしい生き方とは、と哲学で世界を主導できる首都像を描き、例えばパリやシンガポールのように、理想の首都を目ざす形が、姿勢がみたいのだ。

変化は都市の宿命で、三年も経てば人も住まいも様変わるのは珍しくないが、歴史と伝統の日本橋には、市井のレベルでも江戸期から明治維新、大正昭和と激動期を俯瞰できる資料も施設も人も、他所よりは豊富で質も高いと思っている。しかし、時代の名残りを押し流そうとする波は、音もなく静かにやって来て、文化的に貴重な人や資料を忽然と消し去っていく。いま、日本の伝統文化は待ったなしの絶滅危惧種。歴史は、掛けがえのない未来への羅針盤。残し伝え生かさなければ、国家は漂流する。（南京大虐殺とか従軍慰安婦とか…、刷り込み続ける国と反論しない、できない国）

各地の行政機関は、個人の持つ歴史的価値のありそうな古書や研究資料を、生前の内から、古銭や切手を蒐集する民間業者のように、散逸しない政策をすぐにも検討して欲しいもの。残すのは歴史の前を往く、我々年長の特権役割だ。不完全でも、いま小さな投網を打って周囲の興味を繋ぎ，伝え残すことで、また歴史が一歩先へつながると信じて、拙著をお届けしたい。『浜町音頭入門の手引き』として、お読み戴ければ、更に望外の幸せである。

本著の郷土史研究を進めるに当たっては、特に郷土の先達窪田吾郎氏の資料にご指導を戴くことが多く、氏の熱い郷土愛に深甚なる敬意と御礼を申し上げたい。また、敬愛する二人の先輩、津田耕嗣、水野卓史（デザイン）両氏、編集に当たってはリモートワーク高野大輔氏のご指導ご協力に心より御礼を申し上げる。

平成二十八年　明治座前の銀杏輝く晩秋にて

小木一央

浜町音頭でまち興し

中央区・日本橋の誇りあるソフトレガシー

目次

目次

第一章　プロローグ

いま目の前に、二十年前の自分の原稿がある。

日の目を見なかった理由はさておき、その一部を抜粋して披歴することでこれから始める本題と著者自身の関係性を繋ぐプロローグとしたい。内容はわが青春の追憶の一部に違いないが、これは著者の中央区民としての素姓の正当性をちょっぴり証明したいが為でもある。

1. 銀座とわたし

二〇〇七年（平成八年）二月、自作の原稿より
……公園越しに隅田川を見下ろすこの浜町のマンションに引っ越してきたのは、今から八年前。三〜四年くらい前から周囲は見渡す限りの建築ラッシュで、大げさに言えば日に日に空が狭くなっていく。その上、周辺では瀟洒な日本家屋が毎月のように消えている。私には日本が消え

ているように思える。古き良きものが無秩序に消えていく社会。遠くは縄文から弥生へ。近くは江戸から明治へと、転変の時代にいつも民衆が覚えたであろう「為す術もない焦燥感」を感じている。年相応の懐古趣味なのだろうか。

ここに来る前は、勤め先まで歩いて三分という夢を実現したくて、家賃ウン十万円の銀座六丁目に住んでいた。子供のいない共稼ぎの夫婦だったから出来たことだが、四年間住んで断然と面白かった。朝起きてから夜中まで、わくわくする時間が毎日繰り返し続く。松坂屋デパートが目と鼻だが大根一本を買うにも、わざわざ着替えて出掛ける。

安全で煌びやかな舗道伝いを歩いて五分以内に、映画館もデパートもわんさとあるのだから、お金さえあれば銀座の住人ほど刺激的で快適なところはないだろう。すべての営団地下鉄は銀座に向かっているといえるほど、交通の便がよい。

深夜族になって、地下鉄銀座駅から自宅に向かうときほど優越感を覚えるときはなかった。何しろ、他の酔客サラリーマンやホステス達が争うように終電車を求めて殺到する中を、肩をゆすりながらひとりだけ悠然と反対方向へ歩くのだから…（想像してみて下さい）。

ちなみに、銀座は午前一時がシンデレラタイムのようだ。潮が引くように人の姿が消えて、駅のシャッターが下りると、人待ち顔のタクシーの行列も消えていく。客の腕に取り縋る酒場の女性も帰って、午前二時を過ぎるころには、路上の自由人？　たちの活動が一斉に始まる。

以前は、ゴミ収集車は夜が明けてから来ていたから、朝の出勤途上の銀座はゴミ袋が鳩やカラスに荒らされて街中が臭かった。それが石原都政になって、午前の三時過ぎに来るようになった。そうなると、飲食店が排出する食料に依拠する自由人たちは、ゴミ収集車が来るまでの短時間が俄然忙しくなる。一時期銀座の彼らにはテリトリー制があって、場所により権利金の相場が違うと聞いた。真偽の程は分からないが、それほど彼らにも稀有の街なのかもしれない。友人と酒を飲んで別れて、友人が新橋駅や有楽町駅に着く頃に、私はもう風呂に入っているのだ。

土曜日の銀座は穴場。平日と同じようにどの店も営業しているのに、来街客は激減していて、有名レストラン等が気ままに利用できる。

そういえば、選挙の時は銀座中学校の投票所に行った。殆ど住人がいないので、十名程の係員が手持無沙汰に居並んでいて、我々夫婦が入っていくとほっとしたような安堵感が走る。しかしこちらは全員の目を意識しながら、何とも気恥ずかしい投票だ。

一日二十四時間、いつも誰かが働いている街銀座。

窓が開かないマンションだったので、「空気が動かない部屋」に妻が音を上げて四年住んで、止む無く引っ越してきたが、忘れられない経験だった。

ちょうどその頃、銀座七丁目の資生堂パーラービルが改築で取り壊されることになって、戦後の昭和史的にも貴重な資料や什器備品等、企業文化保存の仕事として携わった。

工事現場の一隅、廃棄ゴミの中でその時見つけた一メートルを超す巨大板。パーラー厨房で長年使い続けられてきたまな板だ。中央部分が両面から削られて凹面鏡のように薄くなっている。

資生堂パーラーといえば、明治三十五年創業の洋風味覚文化の老舗である。勿論何度か改装されてきたが、このまな板で一体何人の料理人たちがこの板の上で格闘してきたかと思うとつい愛おしくて、埃を払って我が家に持ち帰ってきた。

年のせいか、古いものに強烈に愛おしさを感じる。

自分の生きる時間が、求める量に比べて余りに短いゆえに、歴史や文化にひかれるのは、時代を超えて人類共通の感情なのであろう。思えば昭和四十一年から支店時代の四年間を除いて足掛け三十三年間、銀座の地に関わりお世話になってきた。その中心に半生を掛けて恋をして、その割には友達以上?にはなれなかった「資生堂」という企業と、そこで仕事を通じて出会った人々がいる……

2. 隅田川とわたし

もう一節お付き合い願いたい、更に昔へ遡ること半世紀以上、わが学生時代の回想からである。

……毎日の苦しいだけの陸上トレーニングに比べて、川辺での合宿生活はまだ楽しかった。当時は埼玉の戸田コースでの練習は試合直前だけで、いつもは隅田川公園横の一橋大学の艇庫を借用していた関係で、向島二丁目の米屋の離れに合宿所を定めていた。三味線の音が流れる路地の間を通って、午前と午後の二回隅田川までボート漕ぎに通う。

食べることと、寝ることだけが楽しみな肉体労働。艶めいた狭い路地を挟んで芸者置屋が雨戸のすぐ向こうにあり、その隙間から冬は股火鉢、夏は股扇風機?姿の奇麗処が季節の風物詩のように、無垢な青年たちを胸騒ぎさせてくれた。

当時の学習院大学ボート部は、正式には輔仁会水上部と呼称して、我々の同期が十人近く入部したので活気があり、成績も準々決勝まで進出するくらいの実績は上げていた。

それでも「背が高くて力持ち」が何より優先のボートで、新人の私の場合は非情なもので、いつも飯炊き係であった。八百屋に行くと当然顔なじみで、「学生さん、葉っぱとってあるよ」と言って大根の葉などを山盛りくれる。合宿費が乏しくなると、豚汁の中には豚肉の代わりに入れたラード脂が汁の表面に一センチも膜をつくった。納豆は九州では食べたことがなかったので、初めは気色が悪くて食べられなかったが、そんなことを言っていたらおかずがない。お陰で今では好物の一つだ。山盛りの漬物の皿が出ると、みんなの箸が殺到してきてアッという間に消えてしまう。自分の丼飯の下に隠してしまうのだ。

それでも学校柄か、上品な奴もいるもので「ヘエ、これが人参というものですか？」と、台所に来てしげしげと見ている。「生の姿を見るのは初めてです」という。その男、夜になると自宅まで風呂に入りに帰る。他人に裸を見せたことがなく、銭湯は恥ずかしいというのだ。最初の合宿で退部していった。

新人合宿が始まって或る日のこと、私は「シングルスカール」という一人乗りの競争用の艇に乗ってパチャパチャと孤独に練習していた。エイトなどと同じように船底が丸く、漕艇時のバランスを練習するのにいいし、何より体力の維持によい。飯炊き係といっても、いつ誰が体調を崩し、ピンチヒッターになるかもしれないという名分があった。

アサヒビール工場の辺りだった。

突如「力漕一〇〇ポーン！」と、メガホンの声も荒々しく仲間の艇が風のようにすぐ横を通り過ぎて行った。レギュラー組だ。彼等は朝食がすんだら午前の練習に出る。私は朝、暗いうちに起きて飯炊きをして、食後の片付けをしてから皆の練習が終わり帰ってくるまでに、昼飯の支度に取り掛かるのだが、マネージャー志望で入ったわけでもなく、皆と同じ陸上トレーニングをこなして合宿所入りした私には、わずかな時間でも練習するように言われていた。先輩に混じってオールを引く白鉢巻の同期生の姿が、その時はやけに羨ましく、「何で俺だけが、こんなところにいるのだろう」と涙が出てきた。そうなるとムクムクと負けず嫌いの我儘が出てくる。「ヨーシ、見ていろよ！」私は艇の向きを仲間の去っていった方角に向けると、夢中で漕ぎ始めていた。俺だって頑張っている、というところを見せつけてやりたかった。行く先は大体分かっていた。

隅田川から綾瀬の橋、水門をくぐり抜けて堀切橋から荒川放水路に出る。

水かさが急に増えて、それまでの灰濁色が清流に変わっている。ちなみに当時の隅田川は汚染がひどく、鼠や小動物の屍骸がプカプカ浮かんでいた。そのかわり、荒川の戸田橋より上流は、口すすぎが出来るほどにきれいな水で、漕いでいるとよく鮎が飛び込んできた。慣れないスカールをぎこちなく漕ぐが、仲間の艇は見えない。広い荒川の流れの中でいつしか後悔していた。周りの景色が思っていたよりずっと遠くに広がり、頭で考えていたよりも遥かに遠い場所を目指していることに気づいた。しかも流れに逆らって上流に向かうから艇が進まない。「どの辺りまで来たのだろう？

エエイここまで来て後戻りは出来ない。行こう！」どこかにまだ仲間を見返してやろうとの思いがあった。暑い真夏の太陽が焦げつくように体を蝕む。どれくらい漕いだだろう。昼をとうに過ぎて、やっと赤羽の水門近くでアベックが乗るお椀ボートに出会った。

「水が飲める所はありますか？」私はもう干乾びる寸前だった。岸辺に艇を引き上げ、トボトボと水門の中へ飲み水を探して入っていった。夏の陽がもう傾きかけていた。腹も減っている。「昼飯はみんなどうしただろう？」気になるがどうしようもない。水で空腹を満たして艇にもどる。赤羽の水門をくぐり急に辺りは暗くなった。

ここからが隅田川の始まりだ。急にゴミゴミとした都会の裏側を、川面から見上げるようにして、相変わらずヨタヨタと漕ぎ進む。遠い。川は蛇行していて頭で想像していたよりもはるかに長い。暫く漕いでやっとお化け煙突が見えてきた。当時千住の工場の四本煙突は、見る角度によって三本にも二本にも一本にも見えるところから「お化け煙突」といわれていた。

陽は既に傾いて、いたるところに闇をつくっている。流れに沿っての川下りだから、何とか体がもっているようなものだ。そして私はその頃になってようやく不安に苛まれていた。掌の肉刺や飢えと喉の渇きの辛さよりも、終日孤独の果てに迎えた周囲の暗闇が、何より私を気弱くさせていた。「どうやって謝ろう？」

鐘ヶ淵の辺りから急に川幅が広くなる。白髭橋、言問橋を潜るとホットする間もなく、暗闇の彼方に懐中電灯の光が乱舞していた。

一橋大の艇庫前の船台に、部員全員が揃っている。「無事だったか、よかった！」同期の高橋肇君がオールを手繰り寄せてくれた。が、心配する声より圧倒的に、不気味な沈黙が支配している。水上警察に詫びるY先輩マネージャーの声が、ひとしきり大きく聞こえてきた。

郷里が同じ小倉出身ということで私の後見役のような存在だった副主将のT先輩にすぐに部屋に呼ばれた。万年蒲団が並んだ別室に、キャップテンの諌山皓一さんとY先輩、T先輩三人の前に身を縮める様に座ると、「呆れてモノも言えねえよ！」とT先輩の声。次いでYマネージャーが「皆がどれほど心配したか…」を長々と聞かされた。キャップテンの諌山さんは何も言わずジーっとこちらを睨んでいる。Y先輩には飯炊きという直接の迷惑をかけているから、何を言われても私はひたすら頭を下げていた。

その後、私のために遅くなった夕食を皆で黙々と食べた。何時もなら練習後に銭湯へ行ってから夕食だが、その夜は私も含めて食後に銭湯に行く。真黒な大男たちが芋を洗うように混雑している中で、私は疲労と安堵感でグッタリしていた。

湯船の中の主将の諌山さんと目が合った。手招きをしている。先程は一言も発しなかったのでまた叱られるかと緊張して湯船の前に行くと、「小林、明日もう一回行って来い！」と真顔で囁く。目が光っていた。勿論飯炊きを放棄して行ける筈がない。

しかしこの人が一遍で好きになった。卒業してからの懐古談で、「自分も体が小さい方だったから苦労した。小林の気持ちがよくわかったよ…」と笑っていた。諌山氏は大学を卒業して米国籍をとり、努力してハワイ銀行の副頭取にまでなって、今は三人の子供の父としてハワイに住んでいる。

ボート部時代は、東宝映画のように合宿所に司葉子は慰問に来なかったし、甘い青春の思い出も少なかったが、初めての東京暮らしが、隅田川の橋の名前を覚えることから始まったのだから文学的であった。当時、向島が舞台の映画「墨東奇譚」で描かれた艶めいた下町情緒が、青春の隅田川の記憶と重なる。

「禁欲生活？」の合宿所から夜一人抜け出して、畑の石の下に隠しておいたピー缶を取り出し、対岸遠くに煌めく浅草のネオンを見つめながら、吸った思い出が懐かしい。もっとも合宿で鍛えた体には、煙草はただ不味いだけの咽る煙となっていたが…。』

聊か長くなったが、中央区と隅田川に関わりを持つ自分を知って頂くことから本題に入りたかったので、お許し頂きたい

3．郷土文化の夜明け

「物事の誕生」には、必ずトキ・トコロ・環境、偶然と必然、そして綾なす人間ドラマや、もっと大きな自然の力が作用して、人間界はしばしば奇跡的な事物を誕生させてきた。さらに「生命の誕生」に至っては、不可思議としか言いようのない奇跡の領域であり、以前に敬愛する境野勝悟先生に伺ったこんな話を思い出す。「太平洋の波間に浮かぶ小さな板切れ、その板の中央に十cm大の丸い穴があいていてプカリプカリと流れている。そこへ偶々海亀が泳いでくる。時折海面に首を出しては呼吸するその海亀が、本当に偶然、頭をもたげた瞬間その板きれの穴にスッポリと首が入ってしまった。」広大な太平洋、小さな板切れと穴、浮き沈みする亀の頭、これらの偶然の合体こそが生命の誕生だという話。勿論、生命誕生の神秘性、奇跡の命の尊さを伝える訓話であるが、この比喩的な例え話がいつも頭の奥に染み付いていて、目の前の事象や人物をつい皮相的に見がちな自分の戒めとして、時折思い返している。

それにしても人間のこの奇跡の命が、塵芥ように失われていくニュースの多いこと…。平和を願い祈るばかりの庶民は、日々この痛ましさに慣らされていく。

人間が幸せを求める祈りと感謝は、一対の感情。そして感謝（謝念）は人間の最も強い感情といわれるが、筆者はこれより「浜町音頭」文化論を、郷土への感謝から描き出そうとしている。この一つの音頭と称する盆踊り曲が意味するもの、現在の我々に問いかけているものを、もとより非才の身ではあるが、可能な限り推理してみたいと思っている。

その「浜町音頭」は、昭和四年、震災の瓦礫の街で生き残った人々が艱難辛苦を克服して、復興への祈りと感謝を形として生み出し、大切に守り継続されてきた地元浜町の掛け替えのない郷土文化なのだと思っている。

そして昭和四年とは、長い歴史の因果によって刻まれた日本橋という土壌に、「浜町音頭」という郷土文化が誕生した鶏鳴の時刻。

（つまり、熟成した卵が割れて雛鳥が誕生した時なのだ！）

この町にご縁を持つ人なら、浜町界隈のそこ此処に残る古の残影や艱難の痕跡から、先達への感謝、被災者への祈りなど其々に歴史を感じながら、その上で「浜町音頭」のふるさとを歩く豊かさをあらためて噛みしめて頂きたい。

ピッチャーズマウンドで、これより第一球を投げる筆者の胸中である。

第二章　わが郷土の残映

その第一球は、『浜町』の名を世に知らしめたという意味で、やはりこの題材からだ。

1. 明治一代女

鎖国時代の濃密な機微と人情に溢れた庶民文化、江戸の残り香、浜町らしさも、主権が代わり世の中も変わって、開国明治の民主主義といわれるような時代を、民衆は戸惑いながら生きていたのだろうと想像してしまう。

そんな端境期にこの事件は起こった。

浮いた浮いたと　浜町河岸に
浮かれ柳の　恥ずかしさ

人目偲んで　小舟を出せば
すねた夜風が　じゃまをする

「浜町」と言えば「明治一代女」といわれる。川口松太郎の戯曲「明治一代女」は、この当時の実話を基に描かれて評判となり、明治座で幾度も上演。戦前戦後は新派の花柳章太郎や水谷八重子の当たり役となり、昭和十年につくられた前出の藤田まさと作詞、大村能章作曲の同名のこの歌謡曲は、今日まで広く愛唱されている。この事件は、結果的にであれ浜町の名を全国に広めてくれたＭＶＰ（最高殊勲選手）だ。

その事件とは、大名屋敷で占められていた浜町に、ぽつぽつと庶民の家が雑じる様になった時代の明治二十年六月九日夜九時過ぎ、細川邸近くの横町「酔月楼」の女将「花井お梅」が降りしきる雨の中、箱屋で雇用人の「八杉峯三郎」を大川端に呼び出して出刃庖丁で刺し殺した。

お梅が実父との仲がうまくいかず、峯三郎が「酔月楼」の財産を横領せんと企み、お梅父娘の仲を引き裂こうと、父親にあれこれ告げ口や画策をしたと思い込んでの凶行だった。

警察調書によると、雨にずぶ濡れで血に染まった出刃庖丁を下げたお梅が、自宅の玄関をドンドンと叩いて出てきた父親に、『私しゃ今箱屋の峯吉を殺したよ。人を殺しゃ助からねえ、これから屯署へ自首するから、後はよいように頼むよ！』と言い捨てて家を飛び出したという。

新裁判法制定以来の最大の事件で、被告が嬌名満都に隠れなき美人だったから、当時この事件はトップニュースとなり、麹町八重洲の東京裁判所に押し寄せた傍聴人は、二千余人という空前の雑踏を呈した。

免れない死刑がなんとか無期懲役で済み、その後十五年目に特赦減刑で明治三十六年に出獄した。牛込や浅草で小商いの後にまた浜町が忘れられず、今の日比谷線人形町駅出口付近で汁粉屋を開業したが、汁粉を食べる客よりお梅の顔を見ようとする客の方が多く商売にならず廃業、勝気な性格と金銭や男にルーズな面が災いして、晩年は不幸であった。田舎廻りの役者の群れに投じ、『酔月奇闘お梅の箱屋殺し』等という芝居で、峯吉殺しを自ら演じたりしている。大正五年に蔵前の病院で肺病により死亡。享年五十三歳であった。

明治二十年五月、浜町二丁目十二番地に酔月楼を開業以前のお梅は、新橋芸妓「秀吉」として名を馳せ、金春通り（現銀座七丁目）を歩くその姿は一幅の絵のようだったという。

谷崎潤一郎は著作『幼年時代』に、母親から『あれは本当に凄みのある、色の浅黒い痩せ形の鯔背な芸者。いい女とはあんなのを言うのだろうね…、これがお梅だよ！』と貰った一枚の写真を、大震災で焼いてしまう迄大切に保存していた、と書いている。

事件はともかく、当時の浜町界隈の艶やかな情緒を、今にして偲ぶに貴重な題材である。「浜町」の名を全国的に広めてくれた「広告塔？お梅」に、感謝してもしきれない。黒板塀の待合茶屋に人力車がズラリと並び、箱屋（お座敷に出る芸妓に従って、箱に入れた三味線を持ち従う男）が、当時の芳町だけで六～七十人もいたという。

花井お梅（特赦にて出獄後）

2. 日本一の芸妓

同じ頃、芳町濱田屋の芸者で後の「マダム貞奴」こと川上貞は、この年十六歳で「奴」を襲名している。貞奴は、日舞の技芸に秀で才色兼備の誉れ高く、伊藤博文や西園寺公望ら名だたる元勲の贔屓を受け、日本一の芸妓といわれた。二十三歳で川上音二郎と結婚。川上音二郎は「オッペケペー節」で一世を風靡した新派の創設者。貞は音二郎のパートナーとして日本の新しい演劇の普及に活躍した。二人は明治座の左團次（二代目）とも親しく、共に海外公演をした地元の仲間同士だ。貞奴は日本の女優第一号として、三十二歳で明治座の初舞台を踏み世界に雄飛していく。

彫刻家ロダンからのモデルの懇請を「時間がない」と断ったとか、パリの社交界でドビュッシーやピカソを魅了した話等、逸話に事欠かない。

四十六歳（大正七年）で明治座での引退興行まで「マダム貞奴」の名前は世界に轟き、日

貞奴と音二郎　二代目市川左團次とともに

本女性の評価をいやがうえにも世界に広めた。

貞奴が育った芸者置屋「濱田屋」は、明治の末に店を閉め、その後大正元年に創業者三田五三郎が、貞奴から由緒あるこの濱田屋の名を譲り受けて、現料亭「玄冶店　濱田屋」を開業。今も人形町交差点際で、西の吉兆、東の濱田屋といわれるほどの格式ある料亭として営業している。店のシンボルマークに、後で触れる「蝙蝠安」にちなんでコウモリを使用しているが、文字通り百年の歴史を今に伝えている。

お梅といい貞奴といい、とびきりの美人が似合う浜町界隈である。

3. 浜町界わい史

日本橋界隈で「浜町」の町史は遅いほうだが、江戸最古で四百年の歴史の「大伝馬町・小伝馬町」は別格として、大川（隅田川）沿いでは例えば、伊予松山藩久松家下屋敷跡が町名となった「久松町」は、一六一七年（元和元年）とこちらもはるかに古い。

当然、久松町に明治座があった頃は、まだ浜町という町名は存在せず、浜町河岸ではなく「久松河岸」や「久松掘り」の明治座と呼称されていた。

　日本橋の東側に位置する「人形丁」は、商業の中心地であり繊維街として発展した。一時は、朝は魚河岸、昼は歌舞伎見物、夜は吉原で賑い、「朝昼晩三千両の落ち処」と唄われたほどの繁華街であったが、通称名ではなく正式に「人形町」となったのは、震災の区画整理後の一九三三年（昭和八年）のことである。それまでは、周辺の蛎殻町、浜町、小網町、小舟町、箱崎町、三沢町辺りまでを含めて大よその繁華街として、通称で「人形丁」と呼称されていたようだ。

　両国橋の西の袂から新大橋に至る大川端と言われた地域は、明治六年に作られた明治政府

江戸時代の新大橋（写真提供：中央区立京橋図書館）

「十三小区沽券図」によると、大名屋敷跡がずらりと並び、「浜町一丁目」辺りは武家屋敷から間部河岸(現在の浜町公園の北はずれ)、「二丁目」は武家屋敷街。「三丁目」には武家屋敷と菖蒲河岸、乙ヶ淵と続き、武家地特有の広大な日本庭園が広がる「大川端」と呼ばれた頃の、水辺浜町が美しく想像される。(余談だが、映画やテレビに登場する江戸の怪盗「鼠小僧」が出没した屋敷街はこの辺りだったとか。)その菖蒲河岸は、高速道路下の現「あやめ公園」として名を残し、その先の「中洲町」(旧三又中洲)は、三又(みつまた)と呼

空から見た中洲付近　昭和5(1930)年
(写真提供:中央区立京橋図書館)

ばれ、当時は隠れのない月の名所・江戸の歓楽地であった。

その後、箱崎川の上にかかる「男橋」「女橋」が消えて、同時に惜しんでも余りある粋筋の情緒も失われていった。

第三章　浜町の歴史物語

国家とは、権力者の興亡の歴史である。浜町を語るには、言うまでもなくその影響を受けた江戸の歴史まで遡らなければならない。信長、秀吉と続いた関西圏の主権が家康によってこの関東に移り、それまでの長い京都の公家文化や、大阪堺を中心とした商人文化がどっと江戸に還流してくる。わが浜町はどのように生まれ育ってきたのか。

1. 江戸開府以前（〜一六〇二年）

「江戸の起り」から、始めよう。

諸説あるが、西暦一二〇〇年前後の遠く平安時代の後期、武蔵の国秩父地方の桓武平氏の秩父党の一族が、今の千代田区辺りに定着し、その秩父氏から出た江戸重継が、桜田の高台に居宅（後の江戸城の基）を築き、江戸の地名をとって自らを江戸太郎と称した。これが江戸の起りといわれる。

当時は日比谷から丸の内は、江戸前島に抱きかかえられた海水の湾入する狭小な土地だが、風光明媚な快適な住まいだったようで、江戸氏の歌が今に残っている。

『わが庵は　松原つづき海近く　ふじの高嶺を軒端にぞ見る』


さらに一四五六〜七年頃、関東管領上杉家の「太田持資（後の道灌）」がこの地に派遣され、一年をかけて本格的に城を築いた。

江戸城の開祖といわれる彼は、常時二〜三千人もの武士を抱える武将だった。その道灌は前後三十年に亘って在城したが、一四八六年（文明十八年）に本家の主君上杉

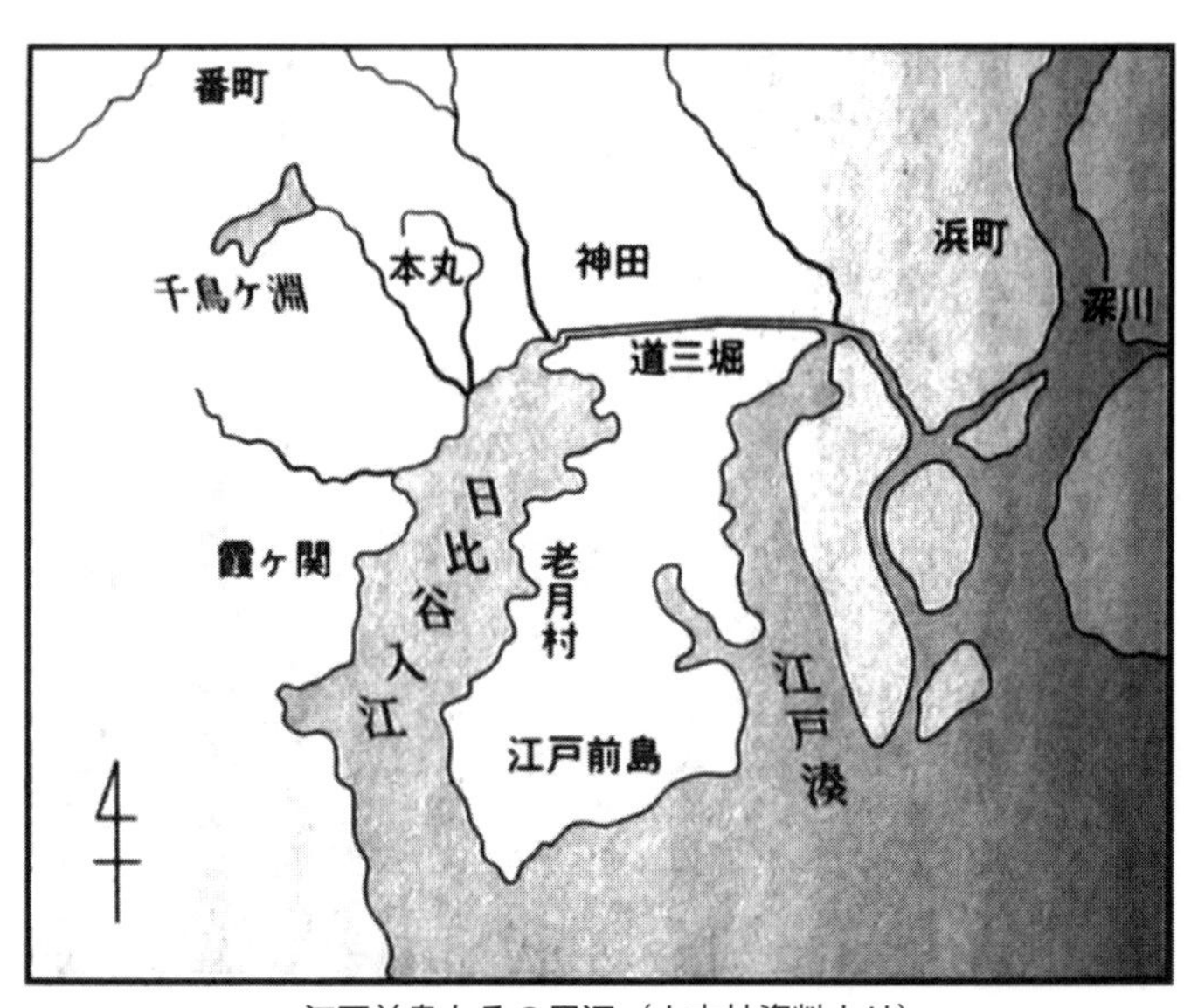

江戸前島とその周辺（人文社資料より）

定正に暗殺され、その上杉家は一五二四年に相模の国（小田原）北条家に攻め滅ばされた。

その北条家も、あの歴史に残る秀吉の小田原攻めで七十年間の支配に幕を下ろし、一五九二年徳川家康の江戸入府を迎えることになる。地域誌・史書によれば、その当時の海岸線は現在の東京駅の西から日本橋地区の北部を過ぎて、浅草方面へ向かう線にあったと想像される。

江戸の地勢

「江」は川、「戸」は入口の意とあり、合わさると「川の入り口」もしくは「川の港」となる。当時は「武蔵の国」と「下総の国」の国境の隅田川河口に位置し、葦の繁る湿地帯まじりの狭い丘陵地で、その当時の城下町としての江戸は、日比谷入江に注ぎ込む平川（現神田川）の両岸（江戸前島の西岸）に発達し、港の中心は江戸前島の東岸に発達したと考えられている。

徳川家康が小田原征伐の後関東に封ぜられることになり、一五九〇年（天正十八年）下向した当時の江戸は、江戸城のある台地の東側は広大な湿地（汐入の干潟）で、江戸城大手門から東にかけて茅葺きの町屋が百軒あるかないか、城下町を割り付ける場所は十町（0.1㎢）あるかないかの狭さだったという。

その後江戸の町屋（庶民）地区は、江戸前島を接収し江戸城本城の拡張とともに城下町の建設を進めたと思われ、江戸湊から発達したとみられる。江戸湊のある江戸前島が、現在の中央区である。

日比谷入江を挟んで、江戸城の対岸に位置する江戸前島は、隅田川の運んできた砂洲で形成された島で、現在の日本橋から新橋辺りにかけて南北に長い半島を形成しており（先端辺りが現在の銀座）、そこは一二八二年北条時宗が開創の「円覚寺」の寺社門前領として保護を受けていた。

関東の先駆者

ここで関東での最初の支配者は、朝廷から征夷大将軍を任ぜられた源頼朝であり、鎌倉幕府であったことは銘記しておかねばならない。

頼朝は関東武士団を束ね、「鎌倉殿」と称されるようになれたのは、自分を支持する関東武士団の意向を受け止め関東内部の平定・経営に重点を置いていたからで、だから常設武官の最高職である右近衛大将に補任されたときは、朝廷からの様々な制約を受けるであろうその職を断っている。

その後に、当時は形骸化した官職にすぎなかった「征夷大将軍」をもらった。するとそれまで頼朝が持っていた鎌倉殿としての権威が、朝廷から獲得した政治的軍事的な力と一体視されていくことで、新しい意義をもった官職となっていったのだ。

それが武家の権力の象徴として後継者に継承されていき、徳川家康の征夷大将軍に繋がっていくこととなる。

また征夷大将軍の官位は、平安初期に蝦夷征伐の大功で著名な武将、坂上田村麻呂（さかのうえたむらまろ）がいる。

鎌倉幕府の成立では、受験で暗記した「イイクニつくろう」の一一九二年というのは現在では間違いのようで、一一八九年義経を匿った罪で奥州藤原氏が滅ぼされ、対抗し得る武家勢力のいなくなった時点からとする説や、一二二一年の北条氏を中心とする勢力が後鳥羽上皇方を破る「承久の乱」で幕府の成立、とする見解もある。

今日では、鎌倉幕府はある一時期を持って成立と見るのではなく、徐々に数段階を経て成立したとする見解が支配的である。（近頃は丸暗記も楽じゃない！）

幕府の確立を成し遂げた頼朝は、一一九九年（正治元年）突如死去してしまい、後を継いで鎌倉殿となったのは嫡子で当時十八歳の源頼家だった。しかし幕府の有力者たちは若すぎる頼家に不安を感じ、十三人の合議制といわれる政治体制を築いた。

その中心にいたのが頼朝の外戚に当たる北条氏であり、時政・義時父子は他の有力御家人をつぎつぎと滅ぼしていき、北条政権の幕開けとなるのである。

歴史の舞台はこの後関西圏に移るが、歴史は面白い。虚実取り混ぜての光と影の織りなす人間模様は、何処に光を当てるかで見え方も違ってくる。

だが本著はフィクションではない。真実真相を求める歴史の旅だ。（…のつもり！）

2．江戸期（一六〇三～一八六八年）

一六〇〇年（慶長五年）頃の江戸には家康の家臣団を中心に少なくとも約一万戸、六万人が暮らしていたという。

掘割と日本橋

一六〇三年（慶長八年）、徳川家康が征夷大将軍として江戸に開府する。諸大名に、江戸の市街地普請を命じ、江戸の大規模な拡張が始まった。城下町をつくる十分な平地がなく、まず和田倉門から隅田川まで道三掘（現とうかん掘通り？）を穿ち、その土で日比谷入江を埋め立てた。この時出来た掘割の代表が、現在に続く日本橋川であり、最初の木橋が架けられた所が「日本橋」

となった。

地名の由来は、江戸の中心にあり、翌年の一六〇四年にこの橋を起点にして五街道が定められ「起点」となったからだとか、一番初めは二本の木を渡した橋だったから、など諸説ある。

明治四十四年に日本橋は、ルネッサンス様式の石造二連アーチ橋（長さ49ｍ、幅27ｍ）となって現代に至るが、これが二十代目とのこと。それにしても、日本の中心を覆い隠す高速道路の無粋なこと。（中心の「おヘソ」は隠すというシャレか？）

その道三堀は隅田川河口から江戸城の傍まで城の建造に必要な木材・石材を搬入するのに活用され、道三堀の左右に舟町が形成されていった。（大伝馬町、小伝馬町、小舟町や小網町、など）この他にも数本の水路が江戸湾に延ばされ、幾多の橋が架けられた。

元からあった平地の常盤橋門外から日本橋の北に、新たに町人地を造ったが、これが江戸本町（現日本橋本町）で、今の日本銀行や三越本店の辺りだ。さらにその周辺の元からあった集落で、南の芝、北の浅草、西の赤坂、牛込、麹町にも町屋が出来て発展していった。

慶長の大土工

一六一四年（慶長十九年）の慶長見聞集（「三浦浄心」の仮名草子）に次の如く記されている。

『見しは昔、当君（家康公）武州の郡江戸へ御打入りよりこのかた町繁盛す。しかれども地形広からず。これによりて、としまの洲崎に町をたてんと仰せありて、慶長八卯の年日本六十四余州の人歩を寄せ、神田山をひきくずし南方の海を四方三十余町うめさせ陸地となし、その上に在家を立てたまう…』

家康は、結城秀康、前田利長、伊達正宗、池田輝政、上杉景勝、加藤清正、福島正則、松平忠吉、浅野幸長、黒田長政、細川忠興以下全国七十有余州の諸侯に命じて、千石毎に一人人夫（「千石夫」）を出させて、神田山（現神田駿河台）を削りその土をもって、浜町より以南、京橋付近に至る海洲を埋め立て、溝を掘り、橋を架けさせた。いわゆる、「慶長の大土工」である。

最も肝心な人手集めについては、幕府に対する諸大名の「御手伝普請」即ち軍役奉公の形で行われ、大名の中には幕府に対する忠勤ぶりを印象づけるため、規定以上の人夫を差し出す大名も少なくなかったという。

江戸は「の」の字形に設計され発展していった特異な都市だといわれている。神田山（現本郷台地）を切り崩し、葦繁る各所の濠を埋め立てたが、特に家康はお茶の水掘割の必要性に着目し、伊達正宗に命じて着工させた。浜町から銀座新橋付近までは、この際の捨て土による埋立てで出来たといわれる。浜町史によれば

『往古日本橋地区は全く海面下にあり、現在の山の手台地の麓を汀線として白波打ち寄せる東京湾の只中で、処々に小さな砂洲を見る程度で、北部に僅かな住民が住んでいた』

とあり、わが浜町はお茶の水の水ならぬ土の町だ。

地図上で、浜町辺りから銀座方面に直線を引いてみる。勝どき、月島、豊洲、新木場、全部が海の中。この線から外側全部がずっと海続きだったと考えると、いかに江戸以前の土地が狭かったかというだけでなく、内陸部の武蔵国（新座、入間、秩父地方）や相模国（神奈川県）からみて、感覚として江戸の海がグンと近かったと想像できる。

一六三二年の記録では、低湿地帯の埋め立てと城下町建設が既に完了し、城下町はほぼ15㎢の面積に広がり（今の千代田区とその周辺ほどの面積）、その人口は二十万人程度だったといわれている。江戸城の外堀は、これを取り囲むように建造された。

家康の江戸入府から五十年以上、大規模な土木工事の連続で、埃交じりの空気と工事現場ばかりの江戸市中、何処に行っても工事に就く労務者や在府大名の家臣団という男社会で、女性の数は男の半数にも満たない寂しさ。想像できますね。気が短くて喧嘩っ早く、べランメー口調で義理と人情の男一匹。こんな江戸児（えどっこ）気質が、文化風土として定着していく、そんな原風景がみえるようだ。

当然、遊里はどうしても必要なものだった。（衣食住の次に？）

遊里、吉原の誕生

江戸が開府されてから全国から、特に関西から大量に成功を夢見てやってきた人々や、武士を対象とした娼家が現れ始めた頃の一六一二年（慶長十七年）、葺屋町東の葭の生い茂っていた二町四方（二万五千坪）の沼地を幕府は埋め立てた。

そこは昼間さえ強盗が出るような荒れ地（現人形町、富沢町辺り）で、そこに塀で仕切り廓を造り、それまで江戸市内各所に散在していた遊女屋を集めていく。

同じ頃、柳町で娼家を経営していた北条家の浪人庄司甚右衛門が、この地での経営の許可を幕府に求めた。風紀の乱れを最も恐れていた幕府は、「圏外の営業は禁ずる」「一泊以上の逗留を禁ずる」「派手な衣装や建築は禁ずる」の条件の下、一六一七年（元和三年）に許可を与え、翌年から彼は独占権を得ることになる。

幕府公認の遊郭「吉原」の誕生である。この独占は、浅草へ移動し「新吉原」になるまでの38年間も続いたことにより、芝居見物と並び、遊郭での遊びも江戸の華として、武士に限らず羽振りの良い商人や職人、町人たちにもてはやされ繁栄を極めた。

吉原は、単なる売春街ではなく遊郭なので、客はそれなりの教養とお金が求められたという。一六二六年（寛永三年）には、遊女屋十七軒、揚屋三十六軒、遊女九百八十七人と記録にある。

明暦の大火

第一次「吉原遊郭」は、一六五七年（明暦三年）の「明暦の大火」で焼失し、浅草山谷へ移転した。人形丁、大門（おおもん）のあった辺りは仲之町といって、今でも「大門通り」と呼ばれている。その傍にある現人形町二丁目の末廣神社は、産土神（うぶすながみ）として吉原以来の古い歴史を持っている。今でも近くで四百年前の苦界の怨霊が出ると、実しやかな話を聞くこともある。

遊郭が出来た初期の頃は、一帯は葭（よし）や葦（あし）が生い茂っていたが、あしは「悪し」につながるので「葭原（よしはら）」となったが、後に縁起をかついで吉原と改名。吉原の名はその後、「葭町」「芳町」に受け継がれていく。

「明暦の大火」、よく耳にする火事だが、これについても説明しておく。

社会生活において人間は、安定安住を得るとつい保守化しがちだ。だからしばしば命がけの危機や惨事を経験し背中を押されないと、次へのステージへ進めないというもどかしさが付きまとう。新しい街づくりとして江戸は世界一の規模の大都市となるのだが、皮肉なことにこの大惨事が大江戸の基盤づくりに大きな功績を果たした。

明暦三年（一六五七年）三月二日から四日にかけて、当時の江戸の大半を焼失した大火災で振袖火事・丸山火事とも呼ばれる。

被害は延焼面積・死者共に江戸時代最大、江戸の三大火の筆頭で、外堀以内のほぼ全域、天守閣を含む城と多数の大名屋敷、市街地の大半を焼失。総死者数は、諸説あるが三〜十一万人と記録されていて、火災としては、東京大空襲、関東大震災を除けば、日本史上最大のものである。

特に浅草惣門は、牢破りの科人を逃すまいと閉じられたところへ群衆が殺到して進むも引くもならず、火焔の中で踏み殺され押し殺され、

回向院山門

深い浅草堀は死人で埋まりその数二万三千余人といわれている。この供養のために現在の「回向院」が建立された。

「振袖火事」と呼ばれる所以は、麻布の裕福な質屋の娘が、本妙寺に墓参の帰り、上野の山ですれ違った名も知らぬ美少年に一目惚れ。その日から寝ても覚めてもの、恋患い。名も身元も知らぬ方ならせめてもと、彼が着ていた同じ荒磯と菊柄の振袖をつくってもらい、それをかき抱いては焦れる日々。挙句の病が悪化、若い命を散らした。悲しんだ両親がせめてもの供養にと、生前愛した形見の振袖を棺にかけてやった。

当時は、こういう棺にかけられた遺品などは、寺男たちが貰っていいことになっていた。この振袖が寺男によって転売され、他の町娘の手に渡り、その娘も同じように病死してその振袖は又寺男に転売され、そのまた次に……を繰り返した。何度となく戻ってくる振袖に、さすがに因縁を感じた住職が、焼いて供養をすることになった。

読経をしながら護摩の火の中へ振袖を投げ込むとにわかに狂風が巻き起こり、袖に火のついた振袖は人が立ちあがったような姿で空に舞い上がり、寺の大屋根から軒先に舞い落ちて火を広げ、紅蓮の炎は突風に煽られて湯島方面、駿河台方面へと拡がり、ついには江戸の町を焼き尽くす大火となった……、という説である。

この他にも幕府自身の放火による都市改造説であったとか、出火元の老中の自宅が威信失墜を恐れて、隣接の「本妙寺」が火元であった事にしてもらったという説、など真偽の程は分かっていないが、現在も巣鴨のその本妙寺に明暦の大火供養塔がある。

明暦の大火は「両国橋」を造る要因にもなった。本所方面に逃れようとした避難民が浅草見附まで逃げてきて、川を渡ることが出来ず、ここで斃れるものが多かったことから、この地に架橋する動機になったと言われ、足掛け二年を要して一六五九年（万次二年）に完成。長さ96間とある。これ以前は、渡し船であった。橋に公定された名前はなく、はじめは「大橋」と呼ばれていた。両国の名は、俗称に基づいたもので、「川の東を下総、川の西を武蔵として名づけられたもの」（参考落穂集）が定着していった。

この橋は丁度隅田川の曲がるところに当たっているためか、架設後度々流失の憂き目をみたが、江戸末期には防護の経験も積んで、洪水の破損流失を免れることができた。

両国橋のほかに永代橋も架かり防備上千住大橋しかなかった隅田川を挟んだ両側に江戸が大きく広がった。神田、日本橋、京橋、本郷、下谷、上野、浅草、本所、深川、両国、向島、と半径四ｋｍほどの円状に「大江戸八百八町」と呼ばれる街が完成した。

防災への取り組みでは、火除地や延焼を遮断する防火線として、今に続く広小路が設置された。しかし板葺き板壁の町屋が多い江戸は、「火事と喧嘩は江戸の華」と言われるとおり、この後もしばしば大火に見舞われる。

3．明治維新前後（～一八六八年～）

世界はこの頃大きく転換しており、フランス革命・ロシア革命を経て王侯貴族から民衆の蜂起による「革命の時代」を迎えている。

日本では一八六六年の薩長連合に始まり、翌年の大政奉還、王政復古宣言、一八六八年の戊辰戦争を経て「明治政府」の成立。政権交代とそれに起因する諸々の政治改革が行われていく。世に言う「明治維新」だ。

東京奠都

維新直後は、薩長の新政府は財政に窮迫しており、日本最大の商業都市大阪へ首都を定めようかと当初は考えていた。しかし官舎を建てるにも資金不足は如何ともし難く、開城したばかりの江戸ならば武家社会のインフラがそのまま利用できるし、政権交代直後の関東や東北の慰撫にもなるとの進言を受入れた。当然京都の公家と民衆からは猛反対が起こり、そこで窮余の策として明治天皇の「東京行幸」となる。いわゆる東京『奠都（てんと＝定める）』である。

天皇自らも「ちょっと行ってくる！」（暫くしたら京都へ帰って来る）とのおつもり。京都の人達も当然、『東京遷都（移す）』ではなく行幸くらいにしか考えていなかった。つまり事実上の東京遷都は、軋轢と混乱を避けるため、天皇の詔勅もないままに今日を迎えており、法令政令のないまま「首都東京」が位置付けられているのだ。

建前上、京都はいまだに首都であり、東京は東の首都というべきか。

武家地浜町の誕生

一八六九年（明治二年三月）明治天皇が東京にお着きになり、江戸城改め皇城（一八八八年、宮城、現皇居）へ入られた。

一八七一年、明治新政府による廃藩置県が行われ、江戸の六割から七割を占めていた武家地・屋敷街はすべて新政府の下、官庁や政府の所領として上地され、その後藩主の所領地や藩邸は、新政府への協力度、緊密度により、整理されることになる。

この廃藩置県で明治政府は公収した土地を必要に応じ、官吏、富豪等に払い下げたが、浜町の武家屋敷一帯もこのとき民間にも払い下げられて、ここに「武家地浜町」が誕生したのである。

幕末一八六七年（慶応三年）の『江戸之下町復元図』と、明治六年の『十三小区沽券図』を比較すると、徳川方に近い大名屋敷街が、「薩長土肥」に代表される倒幕派の旧藩主に、そっくり入れ替わっている。その時浜町川から隅田川に至る広大な敷地を占めている主な地主は、島津忠義（一三、七九四坪）、細川護久（一五、七九五坪）、井上馨（一一、三〇三坪）、それに続くのが池田輝知（五、四二四坪）、毛利元徳（四、二四四坪）、牧野康臣（三、九四九坪）、久松定護（三、六一七坪）等と記録されている。浜町公園の大部分の区画を占めていた細川邸の場合は、米国のペリー艦隊が来た折、浦賀・本牧の海岸防護の功績で優遇されたからだといわれている。

その払い下げられた土地の値段は、物価の安い当時でも極めて安く、千坪当たり上等地で二十五円、中等地で二十円、下等地で十五円と定められており、浜町は勿論上等地であった。また大川端、浜町一丁目の日本橋倶楽部があった所は維新の頃は毛利邸で、此処では維新の俊傑・

高杉晋作が住む等、幕末浜町は維新の功臣たちが居来し、日本の動向に浜町が大いに貢献したことで知られている。

今からおよそ百五十年前のことだ。

『明治以前の浜町は武家地で、いずれも石垣と高い塀を引き回した数千坪もあるような大邸宅のみで、夜ともなれば追剥でも出そうな所であったが、明治維新後は、主人は上屋敷に引き上げ跡地は政府に上地されたが、その土地は必要に応じて細分して払い下げられた…』（濱町史より）

浜町は、日本橋に隣接する地の利と大川に面した風光明媚な土地柄で、富裕層や医療療養施設、高官向けの社交地、さらにはそれらを迎える花柳界が拓けていくことになるが、明治を主導した初期の実力者たちにとっても談合や密議、或いは静養にと、頻繁に出入りした特別の場所でもあった。

井上馨

倒幕そして維新に尽力した、各藩を代表する維新十傑といわれる西郷隆盛、大久保利通、木戸孝允、岩倉具視たちは、四名が暗殺、二名が病死、二名が刑死、一名が戦死、そして最後まで残った公家出の岩倉も咽喉癌で去った。大久保と西郷の離反など分裂薩摩の漁夫の利を得て、明治新政府を実際に主導していったのは伊藤博文や山県有朋、井上馨といった長州藩出身の元老達であった。明治元年、大政奉還を受けて薩摩・長州の官軍に対しては、十万石につき三か所の邸宅を持つことが許された。

井上　馨

武家地「浜町」の最初の所有者は、長州出身の大蔵省造幣頭「井上馨」である。

当時の大蔵省は、造幣、金融、警察、司法など内政を幅広く担当し、特に明治初期の行政の重職に就いた者の中で、理財の才能では井上が筆頭に挙げられ、事実上の実権を握っていた。その敷地は、北側は現在の久松警察署から隅田川に至る毛利邸（旧久松中学校隣り）までの東西、南は蛎浜橋（緑道の交差点）から細川邸北側の隅田川迄だ。（後に細川邸とその北側が浜町公園に編入される）

明治七年に、井上は三井物産の前身となる「先取会社」を設立。その後も銀座のガス灯や銀座通りの整備、鹿鳴館や帝国ホテルの建設、政商岩崎弥太郎の三菱財閥に対抗して、三井銀行や三井物産の創設と、目まぐるしい活躍ぶりを示す。

伊藤博文や山縣有朋と共に同じ長州閥で、革命の元勲としての威光もあり、絶大な存在感を示す。伊藤博文とは生涯の友であったが、政敵西郷隆盛には「三井の番頭さん」と皮肉られ、佐賀藩出身で明治政府の官吏、江藤新平には尾去沢銅山の汚職疑獄で厳しい摘発を受け、一時辞職にまで追い込まれた。この時は、江藤が西郷らと共に征韓論で敗れて野に下り、その後大久保利通によって江藤は処刑されたので事なきを得たが……

歴史の権力者同志の勝ち負けは、表と裏の関係。（表街道、表舞台そして裏町酒場？）井上は、浜町では浜町川の「蛎浜橋」（蛎殻町と浜町を繋ぐ橋）を建設している。高杉晋作とは特に親しくしていて、彼の亡き後も未亡人や家族の面倒を見ていたという情の厚い面もあった。

おもしろきこともなき世をおもしろく
すみなすものは心なりけり
高杉晋作

久松警察署

ここで、すぐ近くで目を光らせる（？）「久松警察署」について書いておく。

（なぜか？強いて言えば近所だから……）

明治維新の後、一八七一年（明治四年）に先ず司法省が出来て警察権を持ち、三年後の一八七四年、首都警察として東京警視庁が創設された。

久松警察署は、なんとその翌年の一八七五年に警視庁第一方面第五署として開設され、六年後の一八八一年（明治十四年）に久松警察署と改称された。ちなみに日本橋警察署の設置は一九四五年（昭和二十年）のことであり、久松警察署がいかにも早かったことか分かる。これも井上馨の影響力かもしれない。（警察署までも自慢の、おらが町。）

久松警察署（写真提供：中央区立京橋図書館）

「浜町」が誕生する半世紀ほど前までは、当然「浜町川」は「久松川」であり、その界隈は「久松河岸」と呼ばれていた。久松警察署前の小川橋から南へ真直ぐ隅田川へとつながり、釣り舟が係留されて粋筋や料亭が増えていくと、この一帯を大川に対比して浜町掘り、「浜町河岸」と人は呼んだ。その川を東西で結んだ「蛎浜橋」は、粋筋の行き交う名所となって栄えていく。桜の見事な緑道の、新大橋通りに向かう交差点だ。

浜町界隈の詩情

浜町界隈はその独特の雰囲気から多くの人に愛され、文人墨客が和歌、俳句、詩歌などにその情を詠している。その一部を紹介しよう。（「浜町史より」）

蛎浜橋（写真提供：中央区立京橋図書館）

秋の夜のほがらほがらと天つ風　てる月影にかり鳴きわたる　賀茂真淵

夕されば　大川端に立つ煙　重く傾く風吹かんとす　北原白秋

いつなりしか　かの大川の遊船に　舞ひし女を思い出しにけり　石川啄木

さえかえる船のかがり火さよふけて　大川尻に白魚とるらむ　正岡子規

隅田川その大橋を踏ままし\と　霧降る朝は思はれぞする　与謝野晶子

なつかしや水のにほいも明治座の　幟の音もゆきずりの人も　吉井　勇

一蝶もかかる寂しき夕暮れの　隅田の川の雨やききけむ　竹久夢二

夏の夜の浜町往けばいまもなほ　昔のごとき川風の吹く　吉井　勇

葱売りの　両国わたる　夕かな　　正岡子規
白魚に　己れ恥じずや　川蒸気　　夏目漱石
春立つや　一銭蒸気　水を切る　　河東碧悟桐
浜町や　蚊の初音きく　ひなの夜　　玄白
両国や　ちと涼むにも　迷子札　　一茶

当時から浜町は、日本橋に隣接する地の利と、大川に面し多くの自然が残された風光明媚な一等地だったのは、維新の施政者で権力者の井上馨等や、その後彼らが興した三井、安田などの財閥系に多くを独占され、明治六年頃から約五十年余も乱開発とは無縁で、庶民には高嶺の遠い存在だったことが幸いしたのかもしれない。江戸の本石町（現在の日本銀行の場所）に、貨幣の鋳造所「金座」が置かれ、金貨が造られていたという。佐渡や出雲、東北（尾去沢）などから金銀が運ばれてくると、浜町河岸で陸揚げされ、一旦近くの「金座の分地」に保管されていたらしい。（地元の細川藩か笠間藩屋敷内か、当然幕府の極秘事項だった。）

何度見回しても、今では想像さえ出来ない。

4. 関東大震災から戦後へ（一九二三年〜）

京都から江戸にやってきた薩長時代の新政府は、欧米列強に追いつけ追い越せの殖産興業、富国強兵をめざした。ところが元武士たちを軍人や警官として採用しても、お互い会話さえままならず、標準語を作るところから始めなければならない。

制度改革にしても公家や保守的な権力者も多く、すべてが一から始めなければならず、時間も労力も掛かった。しかし明治の国民は勤勉で懸命に働いた。新生明治は慌ただしくも逞しく、無我夢中で近代国家の体裁を整えていったのだ。

そして一息ついての大正時代へ。人々は思春期を脱する少年のように自我や自立心に芽生え、夢や希望を語り、才能を開花させた。大正浪漫という精神の成熟期である。

災害、そして復興の町から

近代日本の夜明けは、明治維新からの百五十年前というより、こと首都圏に関しては九十年前に起ったこの事変が最大の転機であったと思う。

当時、京都や大阪の関西圏が有する成熟した経済力、都市美、文化度に比して、江戸のそれは未だ鄙びた非効率な都市であった筈。そこへ巨視的文明史的に見れば、皮肉なことに大東京への様変わりの転機となった凶事。江戸における「明暦の大火」がそうであったように歴史は繰り返す。一大悲劇がまた突然襲いかかったのである。

一九二三年（大正十二年）九月一日正午二分前、近代化を進めていた首都圏を襲った巨大地震は、死者一〇五、三八五人、全壊全焼流出家屋二九三、三八七軒、ライフラインも甚大で近代未曾有の大災害となった。

世に言う「関東大震災」である。

関東大震災

自然災害大国日本は、乗り越えることで多くの知恵や工夫を学んできた災害史の国である。とはいえ、何時の時代も別離の悲しみ、耐えがたい絶望感が地上を覆い尽くした。当時の東京市長、永田秀次郎は「区画整理について市民諸君に告ぐ」と題し切々と訴えている。

『…父母兄弟妻子を喪い、家屋財産を焼き尽くし、川を渡らむとすれば橋は焼け落ち、道を歩まんとすれば道幅が狭くて身動きならぬ混雑で、実にあらゆる困難に出逢ったのである。われわれは如何なる努力をしても、再びかような苦しい目には遭いたくはない。

また、我々の子孫をして如何にしても我々と同じような苦しみを受けさせたくはない。これらがために我々は少なくともこの際において道路橋梁を拡築し、防火地帯を作り、街路区画を整理せねばならぬ…』

そして、隅田川の新大橋の浜町側の西詰交番裏には、当時の悲惨な火焔地獄の中多くの人命が橋の上に避難して助かったことから、人々は新大橋を「お助け橋」と呼び、その後『避難記念の碑』を建立して慰霊祭を行ったことが記録されている。

生死の惨禍の実態が生々しく伝わってくる名文だが、近くの住人でも中々読むこともままならないであろうから、代わりに紹介しておく。

(句読点は筆者だが、極力原文のまま)

避難記念の碑

『嗚呼想い起こすも肌に粟を生ずるを覚ゆるは大震火災の状況なり。

時は大正十二年九月一日、所は新大橋の上、難を避くる数萬の大衆の九死に一生を保ち得たるは実に神人一致の力と申すべきか。

此の時橋の両側より狂いに狂い燃えに燃え来る紅蓮の舌は毒焔を吐きつつ刻一刻と橋上に迫る。退くも火進むも火、身を躍らせて河に投ぜんか滔々たる濁流に一気に呑み去らむのみ。

進退維れ号叫の聲天に漲り惨状目も當てられず。

此の時大衆は橋上に御遷座あらせられたる水天宮及び小網稲荷神社、玄冶店橘神社の御霊代を伏し拝み神功を熱祷したり。

また警官在郷軍人其の他有志の人々は、火を導く恐れある荷物を悉く河中に投ぜしむ。中には貴重の物として泣きて拒みしも、萬人の生命には替え難しとして敏捷果断なる動作は寔れ時宜を得たる處置なりき。

斯く人事を盡し神明を待ちたるに、夜も明け火も鎮まりて、大衆は始めて我に還り、知るも知らぬも再生の思いをなして喜び合いたり。

且つ五大橋中、この橋のみ災害を免れ得たるは正に神助と人の力なりけり。（中略）

本年は満十回に當るを以て思い出深き新大橋西側の一隅に碑を建て事を叙して之を永久に記念となす。』昭和八年九月二日水天宮社掌（以下略）

この界隈の人々の、水天宮を初めとする神仏への信仰心が、この20年後にも襲いかかる大戦での戦火も含め、数々の災害を越えて尋常一入のものではないことが分かってくる。当時の地元、浜町小学校生徒秋山秀雄氏の震災体験手記と重ねて読み比べると、更にその実態が伝わってくる。

『…肥後熊本の藩主細川家の江戸下屋敷の一隅に生まれた大正三年二月11日が、私の生涯の始まりである。

私が浜町小学校へ入学するころには一人の妹が生まれていた。祖父母が深川の六間掘に住んでいたのでよく長い新大橋を渡って遊びに行った。浜町の父の下に帰る時、橋の上から見える夕焼け空の富士山の美しさは今も瞼の裏に残って消えない。

両国橋の袂にあった水練場へ父は私を通わせたが、川の水が段々汚れてきて月島に移り、いつの間にか姿を消したが、当時の大川は奇麗であった。

家の庭続きに画家の鏑木清方先生が住んでいた。内弟子も何人かいた。毎月一日に赤飯を炊く母はお櫃に入れて私に届けさせた。内弟子の中に伊東深水の若い姿もあったと記憶している。

大正十二年九月一日、二学期の始業式から帰った途端に起きた地震、部屋の土壁は砂嵐のように落ちた。

母は勝手口でバケツからの飛沫を浴びていた。妹は広い厨の天井から父が造ったブランコの縄に足を取られて泣き叫んでいた。父は私と妹を店先にあったシンガーミシンの下へ避難させた。店先までの歩行が出来ない揺れ方でどうなる事かと子供心に考えていた。

テレビ、ラジオもない時代、箱崎方面から上った火の手の黒煙に始めて火事だと知ったが、浜町一帯に火の手が伸びたのは四時頃であったろうか。

多寡をくくっていた父があわてて荷物を纏め何処からか持ってきた大八車に行李を二三個積み避難を始めた頃は、丸の内方面へも上野の山へも橋が落ちていたので、途方に暮れた父は私を兵児帯で自分の腰に繋ぎ、母は二男を背に妹の手を引いて新大橋へ向かったが、大八車を引けるような状態ではなく、一個の行李に父の財産であろうものを詰め替えて、新大橋へ逃げた。

隅田川に架かる殆どの橋が焼け落ちたことから騎馬の憲兵と巡査七八人が橋の袂で避難者の

荷物を一切取り上げていた。

父の行李も勿論、最後の財産だったろう、父はこれを拒んだ。

巡査の一人は荷物が欲しいのなら子供をと私を引っ張った。私は泣いた。

結局母の提げた赤飯の入ったお櫃だけが許されて橋上に避難が出来たが、川上から吹く火の風は私の目は盲目同然に瞼を腫らしてしまった。

父がバケツを川に下し、橋上に避難した人達に浴びせ、そしてその水で渇きを癒したが、翌朝焼けたような太陽が上がると、隅田川の川幅一杯に浮かんだ土左衛門に胃の辺りが痛くなった。人間が渡れるほどに川を埋めた死体を見て、助かったことの喜びも涙があふれて止まらなかった。

熱さの残る鉄橋を下りて浜町へ帰る時、残酷さを恨んだ憲兵、巡査そして何頭かの馬が山と積まれた避難者の荷物の中で殉職していたことは、子供心にも済まなかったという思いに涙して感謝したことを生涯忘れることが出来ない。…』


日本橋区内の焼失面積八四、二八〇坪、主な焼失建物は浜町電話交換所、浜町小学校、明治座、日本橋倶楽部、福井楼、生稲等の料理屋、病院、神社、教会の全部、橋梁では仲の橋、川口橋、女橋、男橋、蛎浜橋、そして力説しておきたいことは、住民避難に際して地元久松警察及び水上署は実に目覚ましい活躍をしたことである。水上署では汽船十四隻を徴発し永代橋付近で七千人、新大橋付近で一万二千人、両国橋付近で八千人、その他一万六千人の避難民を救助した。

また久松警察署では夕方新大橋の畔で多数の避難民を救護し、高橋巡査は中洲で進退に窮していた住民参百余人を、個人でダルマ船を雇って隅田川の中流に浮かべ、翌二日午後五時漸く箱崎町河岸に救助した。その他生死の中で美談がいくつも残されている。

地元の指導者

何時の時代も混乱を秩序と安定へ、この先の道筋へと導く怜悧な知性が求められる。一面の焼け跡と瓦礫の中から、悲しみを乗り越えて必死に立ち上がろうとする人々の、熱い思いは当然形となっていく。大震災で一面焼け野原となった浜町の武家地も、区画整理事業が始まった。

震災直後の混乱も漸く一段落した大正十三年三月二十日、政府は土地区画整理を断行することを決し、その後土地区画整理委員の定数が、当浜町地区では十六名と決まった。そこから浜町住民として取るべき方策が協議されることになるのである。借地権者側委員の選出の考え方、選出方法、各町会相互の連絡、区画整理委員会の相談会の実施、その間に起る有識者や民間からの反対運動…。この間の調整努力は到底凡人の成し得る業ではない。

一面の焼け跡と瓦礫の町を元通りに再興するのではなく、既得権という岩盤の前で過去の問題点を排して、全く新しい町として造り直すのである。

それも復興局というお上が既に決めている指示命令を超えて、宛行扶持ではなく地元としての理想を煮詰めて、出来るだけ万人に公平で禍根を残さぬ方策をである。

その時浜町には、一人の人物がいた。

佐藤長祐という地元の市会議員で、開業医である。土地区画整理委員長でもあった佐藤長祐は、公平無私の立場を守りたいとの思いから、地元地区ではいつも他を推薦はしても、自らはその役は固辞し続けた。

しかし、最後には委員全員の『すべてを一任するから』とまで言われて、粉骨砕身の決意で地元委員長を受理したのだった。そのためか彼はこの大事を成し遂げてまもなく、燃え尽きたように逝ってしまった。

復興というのは一度壊滅したものを、再び元の状態に戻すことであるが、それには「ハード面」「ソフト面」と両方ある。壊れた瓦礫の町を再生してその秩序と共に復興させること、それに加えて町民という人心の慰撫・安定である。佐藤長祐は、悲しみと絶望の地元民の心の中に「盆踊り」という心の灯りを灯したのだ。彼は医者であり、その両面の復興回復を見事に処方してくれたのだった。

筆者なりに佐藤長祐の、この難業突破の要因を挙げてみる。

一つ『稀有の大災害に遭遇して、子孫をして再びこの惨状を繰り返さない、災い転じて福となす』という強い使命感と責任感（信念）を、繰り返し周囲に語った。

二つ『人選は勿論、区画整理による換地の減少、移転に至るすべてを一任するから整理委員長を引き受けて欲しい』と言うほど迄、地元組織が固まるのを待った（？）。

（柿の実が熟し、落ちてくる時を待った）

三つ『復興局の予算も限りがあり、誰もが前例

佐藤長祐
日本橋医師会前史記録集成（下）より

のないこの事業だから、一刻も早い方が有利だ』と、時間との戦いを強調し続けた。

四つ『反対論が起こり市民は迷っていた。私は随時演説会を開き、必要性と時間との戦いを説明し、地区居住者に徹底するよう…』と、リーダーの毅然とした強さ。

五つ『復興局に頼らずに、地元は地元で決めよう』の決意を繰り返し述べることで、メンバー一人ひとりを成長させていった。（自覚と責任感）

最後に、完成記念刊行誌での佐藤長祐の挨拶文を紹介しておく。短い文言に全てが込められている。

『…終りに臨み、当地区の土地区画整理事業がかくも速やかに完成したのは、一に復興局関係員諸氏の指導宜しきを得たると共に、整理委員並びに協調会員諸氏の熱意と地区全民を挙げての犠牲的公徳心より出た深甚な御援助の賜物であった事を思い、深く謝意を表するものである…』（区画整理完成記念会刊浜町誌より）

もう一人の指導者

明治維新という革命的な国家づくりは、薩長中心の政治主導の時代で始まり、約半世紀を経て、漸く実務能力に長けた能吏を輩出するだけの、熟成の期間を経過していた。順序を敢えて逆にしたが、もう一人絶対的「スーパーヒーロー」がいたのだ、時の東京市長、内務大臣で帝都復興院総裁であった後藤新平である。

天の配剤であったと感謝するほかない。

仙台藩にゆかりの家柄で、蘭学者高野長英を縁戚とする彼は愛知県の病院長時代に、岐阜県で遊説中に暴漢に刺され負傷した板垣退助を診察している。この時後藤は『閣下、御本懐でございましょう』と言ったという。

後藤の診察を受けた後、板垣は「彼を政治家に出来ないのが残念だ」と口にしたという。その後児玉源太郎に認められて台湾総督になった。植民地政策の主導である。

「社会の習慣や制度は、生物と同様で相応の理由

後藤新平

と必要性から発生したものであり、無理に変更すれば当然大きな反発を招く。よって現地を知悉し、状況に合わせた施政を行っていくべきである。（ヒラメの目は鯛の目にすることは出来ない）」との言行憚らず、彼の台湾総督時代の行政手法は、民俗学者、行政法学者、中国哲学研究学者、中国史家、等を総動員した網羅的研究に裏打ちされた『清国行政法』という研究成果となって、近世近代中国史研究に欠かせない資料となっている。

その時、アメリカから新渡戸稲造を招いた際には、病弱を理由に断る新渡戸を執務室にベッドを持ち込むことなど特別の条件を提示して、結局承認させている。その新渡戸は、台湾でサトウキビやサツマイモの普及と改良に大きな成果を残した。彼の「生物学的開発」の信念は、その後の満鉄総裁時代にも生かされていく。

当時の日本政府は、満州における日本の優先的な権益確保を唱える声が主流であったが、後藤はむしろ日清露三国が協調して互いに利益を得る方法を考えていたのである。後藤の並はずれた才覚や人材の起用は、その後随所で発揮され、その分敵や反発も多かった。「汽車がゴトゴトして、シンペイでたまらない」と揶揄されたり、「大風呂敷」とあだ名されたり、何時の時代にも急進の改革者にはつきものの反発や抵抗勢力だ。

関東大震災の直後に組閣された第二次山本内閣で、内務大臣兼帝都復興院総裁として震災復興計画を立案した後藤は、大規模な区画整理と公園・幹線道路の整備を伴う十三億円という当時の国家予算の一年分を計上し、財界や復興院の身内からも猛反対に遭い、最終的に五億七五〇〇万円と縮小せざるを得なかった。

十九世紀中葉のフランス、パリ改造を参考にしていたが、日本人の土地私有感覚が極めて強いことや自動車が普及する以前の時代のことで、道路幅（主要道路は七十～九十メートル前後の幅員で、中央に緑地帯を持つ等）はじめスケール感覚が違っていて理解されにくかった。それでも悉く縮小された彼の政策でさえ、現在の東京の都市骨格、公園や公共施設の整備の骨組みは、この時の後藤の復興計画に負うところが大きい。（十三億円でやっていれば今頃はと、思わずにはいられない！）

その復興計画に沿って、東京市会議員でもあった佐藤長祐は、地元浜町川の汚水環境問題とその川に面して建つ明治座（当時は久松町）を、国政レベルの復興事業「新興三大公園計画」の一つであった「浜町公園事業」に重ねて、この機会に明治座を新公園入り口近く（現在地）に換地することを積極的に提案し、その実現に奔走した。

ちなみに「新興三大公園計画」とは「浜町公園」、「錦糸公園」（墨田区、昭和三年開園）、「隅田公園」（台東区、昭和六年開園）のことである。

いずれもドイツや北欧の公園を参考に設計され、庭園風の趣のある近代的な公園であったが、戦後の改修で体育館ができるなど当時の面影は失われ、今は門柱などにかろうじて遺構を残すのみとなっている。

後藤新平市長の帝都復興事業に、瓦礫の地元浜町からいち早く呼応した佐藤長祐は、現在の浜町二丁目で病院を開業していた病院長であり、市会議員で初代の金座町会長でもある。当然、後藤とは同じ医者同士の気心であり、改革の危急に際して通じ合う哲学や情念を大いに共有したことであろう。強調しておきたいことは、この時代の指導者に共通して言えることは、トップダウンの指示伝達ではなく、自ら汗をかいてひとり一人を説き伏せていく行動力が備わっていたということではないだろうか。

『…なお当地区は土地区画整理完成を記念し、浜町一帯を金座とし、大通りを金座通りと命名した。それは徳川家康が今の日本銀行の所に金座を設け金貨を鋳造した時、浜町に金座の分地があり、鋳造に要した金鉱は主として浜町河岸から陸揚げされたと言い伝えられたが、これについては確たる文献に徴するものはない。

むしろ当浜町将来の大きな発展を期し、現在の銀座を凌ぐ繁栄した町にしたいとの住民の希望の顕われで、区画整理委員一同協議の結果、語呂もよく又縁起もよい金座という通称名を満場

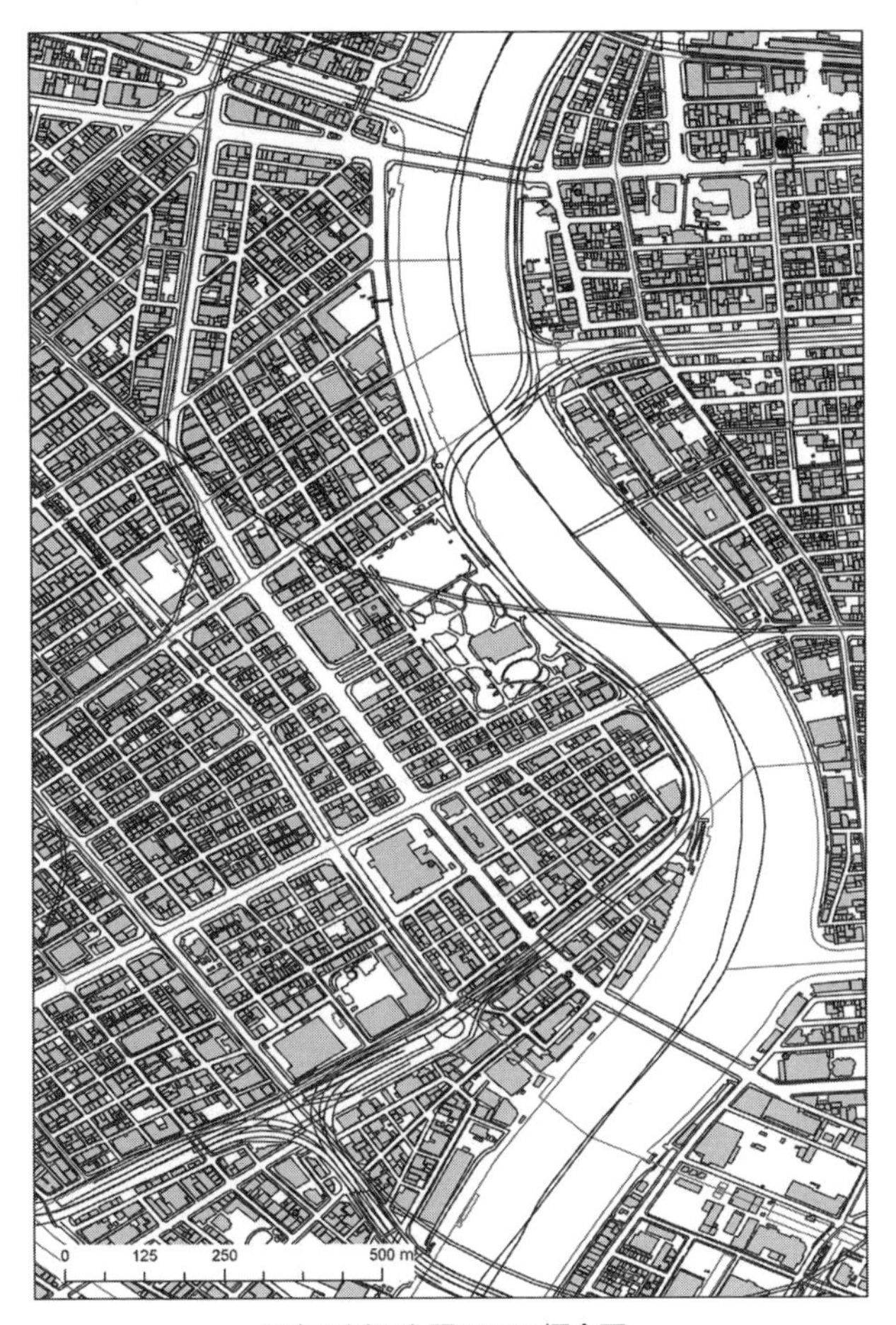

現在の浜町と隅田川の概念図

一致で決定した。…』(浜町誌より、佐藤長祐の完成記念での挨拶文)

当時の「金座通り」は、清洲橋から浅草橋に至る幅員三十三メートルの新設の道路で(現清洲橋通り)、昭和通りと共に東京下町の自慢の道路の完成であった。しかし、現在の「金座通り」は、久松町交差点を挟んだ東西の通りに変わっている。土地区画整理事業が行われた結果、多くの地域で町域や町名の変更などが行われたが、浜町ではそれでも目立った変更はなく、整然とした碁盤割りの街並みが出来あがった。

第四章　江戸の文化

現在、浜町の緑道と甘酒横丁との交差地に勧進帳の弁慶像がある。その傍の案内板に、『三百五十年前この界隈に江戸三座といわれる芝居小屋があり……、江戸歌舞伎発祥の地として、……それを記念して』と紹介されている。「江戸歌舞伎・発祥の地」という地域性は、非常に重要な文化力なので、界隈史に関わる「歌舞伎」と「江戸三座（芝居小屋）」について触れておきたい。

１「歌舞伎」の起り

歌舞伎は、能楽、狂言、文楽（人形浄瑠璃）と並ぶ「三大国劇」の一つとされ、音楽劇や科白劇、舞踊劇を集大成した庶民的な演劇であり、いまや日本を代表する文化である。

歌舞伎は、「傾く（かぶく）」という語源の、本来「変わった風体の」「奇抜な服装」「世間の秩序に反して」行動する、「傾く」「傾き者」といった言葉からきている。「当代記」（一六〇三年、慶長八年）によると、『この頃出雲の巫女を名乗る、国という女性が、京に上り変わった風体の男の扮装をして踊った』との記述がある。これは「念仏踊り」が起源といわれている。その踊りは、当時の流行歌や奇抜な風俗ファッションを取り入れたもので、当時大流行したとのこと。江戸歌舞伎の幕開きは、江戸開府後の一六二四年（寛永元年）ごろ、京都から江戸に下ってきた歌舞音曲の名人猿若勘三郎が、猿若座（後の中村座）を人形丁に開いたのが始まりである。次いで泉州堺の村山又三郎が村山座（後の市村座）を興し、ともに人形丁に歌舞伎上演の芝居小屋を建てた。

弁慶像と歌舞伎発祥の記

歌舞伎は大衆の熱烈な支持を受けて発展していく。荒事、和事、義太夫狂言、所作事、十八番の制定と時代を追って内容も充実し、鶴屋南北、河竹默阿弥らの作家によって演目が強化されていった。

2. 歌舞伎の世界

明治時代に外部の作者や文学者によって「新歌舞伎」が書かれるようになるまで、歌舞伎の作品は「狂言作者」と呼ばれる専門家が書いた。当時の観客にも馴染み深い登場人物（「源義経」や「曽我兄弟」など）が活躍する伝説や芸能、文学作品、からその「世界」を決め、時代背景や場所、登場人物の役名、性格、立場、関係、などを決めていく。

「世界」が決まると、その作品のオリジナルの部分に当たる様々な工夫が組み込まれる。これを「趣向」といって、「身替り」や「殺し」、「縁切り」などの類型的な場面のほか、同時代に起った殺人・強盗・心中等の事件が趣向に組み込まれていく。

また複数の「世界」を組合せるなど趣向の内容や組込み方は、作品の出来に直結するため、作者はその実力が問われた。各芝居小屋には、座付きの狂言作者がおり、「立作者（たてさくしゃ）」と呼ばれるトップの作者の構想のもとで、複数の作者の分業で作品が完成されていく。

複数の世界の組み合わせを「ないまぜ」と呼ぶが、四代目鶴屋南北が得意とした手法で、例えば『四谷怪談』の「世界」を、赤穂浪士の討ち入りを劇化した『仮名手本忠臣蔵』という先行作品をもとに、二つ以上の「世界」を重ね合わせて、物語の設定を自由奇想に展開させていく。この手法がさらに「書換え狂言」など、評判の先行作の大枠を残しながら一種のパロディ作品へと発展したり、そのことでまた本来の時代解釈の演目へ原点回帰したりと、繰り返していく。

明治後期から昭和初期になって、劇場との関係を持たない独立した文学性の高い作者によって、たとえば坪内逍遥の『桐一葉』など名作が出現する。これらの作品は「新歌舞伎」といい、東京歌舞伎に一層の厚みを与え、その後黄金時代と呼ばれる時代を迎えることになる。

わが町の明治座でも、明治後半から昭和初期にかけて松竹の大谷竹次郎は、明治座座主「左團次」のために岡本綺堂に脚本を依頼して、「曽我物語」「番長皿屋敷」など約40年間に53本の作品を上演しているし、昭和初期から戦後に至るまで川口松太郎作品に肩入れして、「明治一代女」「鶴八鶴次郎」「愛染かつら」等の名作を生んだ。その後の、昭和の戦中戦後に書かれた作品を「新作歌舞伎」とか「新作」と呼んで、「新歌舞伎」とも区別している。

江戸歌舞伎について付言しておかねばならないことは、幕府は火事を何よりも恐れていたということ。したがって「芝居見物」は灯り不許の昼間のみであり、桟敷で芝居を見て、幕間には酒に肴、お茶や弁当が運ばれ、芝居が終わるとまた茶屋で寛ぐという、一日中の贅沢時間であった。

芝居はあらゆる流行の発信源であり、江戸研究家の三田村鳶魚いわく「芝居が世の中の事を真似るのではなく、芝居がもとになって、世の中の方が真似た」と、この時代の江戸の世相を表現している。芝居は当時の代表的な娯楽であり流行の媒体であった。

3. 江戸三座

歌舞伎の元祖といわれている出雲阿国や名古屋山三郎が、寺院の境内などで歌舞伎踊りを披露して大評判をとったといわれるのは、慶長年間（一五九六～一六一五年）のことである。その後彼らを真似て遊女や若衆達による興行が、各地の寺院の境内や河原等で行われるようになっていった。

江戸府内に常設の芝居小屋ができたのは寛永元年（一六二四年）のこと。泰平の世の町人の娯楽として定着し始めると、府内のあちこちに芝居小屋が立つようになる。しかし奉行所は風紀を乱すという理由で、遊女歌舞伎や若衆歌舞伎を禁止。野郎歌舞伎には、興行権を認可制とすることで芝居小屋の乱立を防いだ。その一番の理由はやはり火事を恐れてのことだった。

府内の小屋の数は整理されていき、延宝の初め頃（一六七〇年代）までには中村座、市村座、森田座、山村座、の四座に限って「櫓を上げる」ことが許された。櫓とは座の定紋を染め抜いた幕で囲った構築物で、これを芝居小屋の上方にとりつける。この櫓を上げていることが官許の証しであった。「江島生島（えじまいくしま）事件」を経て、正徳四年（一七一四年）山村座が取り潰され、中村座（一六五一年、現人形町三丁目）、市村座（一六五二年、同三丁目）、森田座、の「江戸三座」と呼ばれる時代を迎えた。

4. 江島生島事件

芝居や映画の世界でも有名な「江島生島（えじま・いくしま）事件」について、少しだけおさらいしておこう。（何のおさらいじゃ？）

一七一四年（正徳四年）一月、時の徳川七代将軍家継の生母月光院に仕える御年寄・生島は、主人の名代として同じ年寄の宮地と共に上野寛永寺、増上寺へ前将軍家宣の墓参りに赴いた。その帰途、懇意にしていた呉服商の誘いで木挽町（現歌舞伎座周辺）の芝居小屋「山村座」にて歌舞伎役者生島新五郎の芝居を観た。芝居の後、江島は生島らを茶屋に招いて宴会を開いたが、宴会に夢中になり大奥の門限に遅れてしまった。大奥七つ口の前で通せ通さぬの押し問答をしている内にこの事が江戸城内に知れ渡り、評定所が審理することになった。

当時の大奥は、七代将軍家継の生母月光院を中心とする勢力と、前将軍家宣の正室天英院を中心とする勢力があった。月光院が家継の学問の師である新井白石や、側用人の間部詮房らと親しいことから、大奥では月光院側が優勢であったが、天英院側は勢力を挽回する絶好の機会ととらえて画策したので、城中を揺るがす大事件となった。

幕府も大奥の綱紀粛正の機会と捉えて関係者は徹底的に取り調べを受け、月光院の嘆願で生島の身だけは高遠藩にてお預けとなったが、身内から死罪流罪、山村座は座元の伊豆大島への流罪、生島は江島の遊興相手とみなされ、三宅島への遠島、山村座は当然廃座となった。出入りの呉服商や材木商人も追放や遠島となり、結局連座者を含め50人近くが処罰された。巻き添えを食う形で、江戸中の芝居小屋は簡素な造りへ改築を命ぜられるなど、その後も関係者一四〇〇人を超す大綱紀粛正事件となった。

この事件により天英院側が優勢となり、二年後の一七一六年に家継が亡くなると、天英院が推していた紀伊藩主吉宗が八代将軍となった。(げに恐ろしき女の愛憎!?)

5. 人形町界わいは「人形丁」

当時でいう堺町の「中村座」と葺屋町の「市村座」は、同じ通りに面した目と鼻の先に位置しており、この界隈には他に小芝居の「玉川座」、古浄瑠璃の「薩摩座」、人形劇の「結城座」、その他役者や芝居関係者の住居がひしめき、一大芝居町を形成した。場所は現在の人形町三丁目と堀留町の辺り。人形浄瑠璃をはじめ説教芝居から見世物小屋、曲芸、水芸、手妻(手品)と安い料金で楽しめる小屋も沢山立ち並び、大名から庶民まで多くの人々が、当時の代表的な娯楽だった芝居見物を楽しんだ。特に安くて短時間で芝居を楽しめる庶民の娯楽として盛況だったのが、人形芝居だった。

「元禄江戸図」には、堺町と和泉町（現在の人形町二丁目周辺）には、「人形丁」と書かれており当時からこの呼び名で親しまれていた。人形を作る人、修理する人、商う人、人形を操る人形師らが大勢暮らしていた。また季節ごとに市がたち、正月には手毬・羽子板、三月には雛人形、五月には菖蒲人形等を商い、年間を通して賑っていたという。

緑道の告知板は、これを説明している。

6. 江戸の川開きと「花火」

もう一つ、川の町「江戸」にとって、「川開き」は最も重要な行事の一つであった。

川開きの起源は享保二年（一七一七年）と享保十八年（一七三三年）の二説あるが、遊客誘致策として地元の願出が公許になったもので、宝暦（一七五一～一七六四年）の頃には、両国橋は既に遊覧場となり橋下の舟遊びとともに賑っていた。

川開きというのは納涼期間（旧暦五月二十八日から八月二十六日まで）の最初の日という意味で、上級武士や商人は屋形船や屋根船などで、庶民は岸辺で涼をとった。垂れ幕や提灯で仕立てられた船は、絢爛さを競い、女性の涼しげなる浴衣姿は、いっそうの華やかさを添えた。

川開きは結果からみて、さらに隅田川納涼の盛況を助長することになり、江戸中の人気を集めたが、これほど迄の人気を博したのは、「花火」の打ち上げ行事にあった。煙火業者の鍵屋は、万治年間（一六五八年〜）には横山町に居住していて幕府の御用務めだったが、納涼船遊びが盛んになるにつれて花火が水上の遊びとして好適であったのみでなく、陸上のものも慰める所となってさらに盛大になった。

万治二年の街触れで、

『町中にて花火一切仕間敷候。但し大川口にては格別の事』と規定されている。これにより舟遊びと花火は更に結びつけられて豪奢になっ

両国橋の川開き（写真提供：中央区立京橋図書館）

ていく。

川開きの烟火は横山町の鍵屋弥兵衛及び両国広小路の玉屋市郎兵衛の請け負うところで、玉屋は両国橋の上流を、鍵屋は下流を受持ち互いに橋を挟んで技を競い合った。玉屋は天保14年（一八四三年）四月、将軍家斉日光社参の前夜火事を出し、その咎によって商いはついには断絶して、鍵屋のみが栄えることになる。

文化文政年間にはこの川開きも未曾有の雑踏を極め、川開きを見ざるものは貴となく賎となく恥辱となる、の風潮とまでなった。東都催事記には、

『橋上の往来は肩摩踵随轟々然として雷の如し、漸日も暮れ行けば茶店の檐（ひさし）の灯数千歩に映して暗なき国の心持し、楼船の挑灯は波上にきらめいて金竜影を翻し紘歌一時に涌て、行雲不動、忽疾雷の殷に驚きて首を挙れば、烟火空中に煥発し、如雲如霞如月如星、麟の翔けるが如く鳳の舞うが如く、千状萬態神飛び魂うばはる…』とある。

その混雑ぶり、興奮ぶりがいかに江戸の人々の人気を呼んだかが窺われる。その費用は、この両国橋を中心として船宿、料理茶屋より出金してその八割が船宿業者の支出するところであったとのこと。

大花火　角田川原は　あのあたり
べそべそと　花火過ぎけり　角田川　　一茶

この界隈に縁ある人なら宴会などで船遊び等珍しくはないが、どうやら現代人はその楽しみ方、味わいぶりに於いて江戸人には遠く及びもつかないようだ。文明とか近代化といっても、人間の幸せとは一体何だろうか…、また考えさせられてしまった…。（勝手に考えろ！）

天保年間、町人たちの遊興街が江戸城の近くにあるのを嫌った老中水野忠邦は、人形丁の芝居小屋を、根こそぎ浅草猿若町へ移転させてしまう。そうなると地元の人たちは、遊郭でも芝居小屋でもない第三の娯楽、「寄席」の誘致に動き、幕末から明治にかけて人形丁辺りは、人気の寄席がひしめくことになる。寄席とは、落語、講談、浄瑠璃、浪花節、手品、音曲、など大衆演芸の興行場である。

また明治に入ると、現在の人形町二丁目辺りには芸妓の置屋・茶屋が多数集まり、葭町（芳町と同義）の名は柳橋、新橋と並ぶ一流の花街としてその名を馳せた。「粋(いき)でおきゃんで芸が立つ」ともてはやされた芳町芸者に、著名人や相場師たちが通い詰め、「一夜大尽、一夜乞食」といわれるほど遊びが派手だったと伝えられている。

第五章　「いき」の文化圏・葭町

いき？　粋？　意気？　ここで『いき』について、触れておかねばならない。人形町・浜町界隈は、「いき文化」の空気を吸って、生きてきた町だからだ。

『いき』は江戸ことばであり『いき』という美意識も、江戸のものである。関西では「すい＝粋」と言ったらしいが、文化が標準化された現在では、粋は衰え『いき』が全国同じように使われている。ここでも「粋」ではなく『いき』を使うことにする。「いきな女」、「いきな着物の柄」、その反対語として「無粋」とか「野暮」がある。日本橋浜町界隈を一言で表現すれば、『いき』筋文化の町であったということである。

男と女。意地と欲。厳しい修業や戒律。対人関係。確執と諦観。泥沼の蓮の花園に寄せる下衆(げす)の勝手な連想は尽きることはなく、「大奥」と同様に好奇心の別世界だ。そこには人間の普遍の哲学がある筈で、それが我々を捉えて離さないのかも知れない。（また、カッコつけた！）

浜町界隈に日本の一流の花柳界が存在したということは、築き上げた一流の技芸、接遇術、料飲食や遊興のノウハウ、その周辺に派生する職人技など、すべてに亘って「いき筋文化」と呼べる独自の土壌が形成され、『いき』という風土が磨かれ続けてきたということに他ならない。

それは単に今日の流行語ではなく、「おもてなし」「お役立ち」といった日本人の根源的な「和の心」や「接遇の心技体」、「形」の洗練や美意識へとつながってきたということ。ちなみに「おもてなし」とは、元来「お役立ち」にサービス機能を付加したものであって、必ず「お役立ちの実利」が先に存在しているべきものであり、それなくして言うのは単におべんちゃらというものである。

後述する昭和四年の「浜町音頭」は、単に昭和四年という時点の産物ではなく、江戸以来積み上げてきた長い文化、それは花柳界、歌舞伎界、音曲芸術文化の集積として出来上ったという背景を持っている。（ここ試験に出る！）

「浜町音頭」を理解するためには、これら一流の芸術家が身に着けていた独特の哲学、美意識、呼吸、を聊かでも理解しょうとする気持ちがなければならないと思うのだ。

1．「いき」の定義

「本当のものは、目には見えない」とは、サン・テグジュペリの『星の王子さま』のセリフであるが、情報社会に漂う今、目に見える事象、断片の匂いからその背景にある実像を推理し、そこから「浜町音頭」が醸す『いき』の実相に迫ろう。（大ゲサ～！）

以下は、あのサルトルを家庭教師に持ち、ハインデッカーに高く評価されたという哲学者、九鬼周造氏の名著『いきの構造』（一九七九年）から、「目から鱗」の教えを戴くことにする。

『いき』の構造は二元性

『いき』には「なまめかしさ」「つやっぽさ」「色気」などすべて異性を想定した「媚態」があり、自分と相手との関係の可能性を基盤とした緊張であるという定義から話は始まる。

異性は相寄りながら決して一本になろうとはしない、二人の間にどういう関係が成り立ち得るかを、探る駆け引き。その緊張のうちにこそ「媚態」の真骨頂がみられるというのだ。「上品」はその緊張の欠乏情況であり、「媚態」は異性との思いを遂げて、緊張を失うと消滅する。自分と相手双方に置いて緊張を失い、媚態が消滅の後は「倦怠、絶望、嫌悪」の情に至るという。

『いきの構造』の基本的発想は、相手と自己という二元性であり、二本の線が永久に並行し、互いに交わることがない。永遠に動きつつ永遠に交わらない平行線は、視覚的には「縞模様」に客観化され、特に縦縞模様が『いき』とされた。江戸で宝暦の頃までは、横縞しかなかったが、文化文政の頃になると縦縞模様一色となり、『いき』の文化が定着していったという。

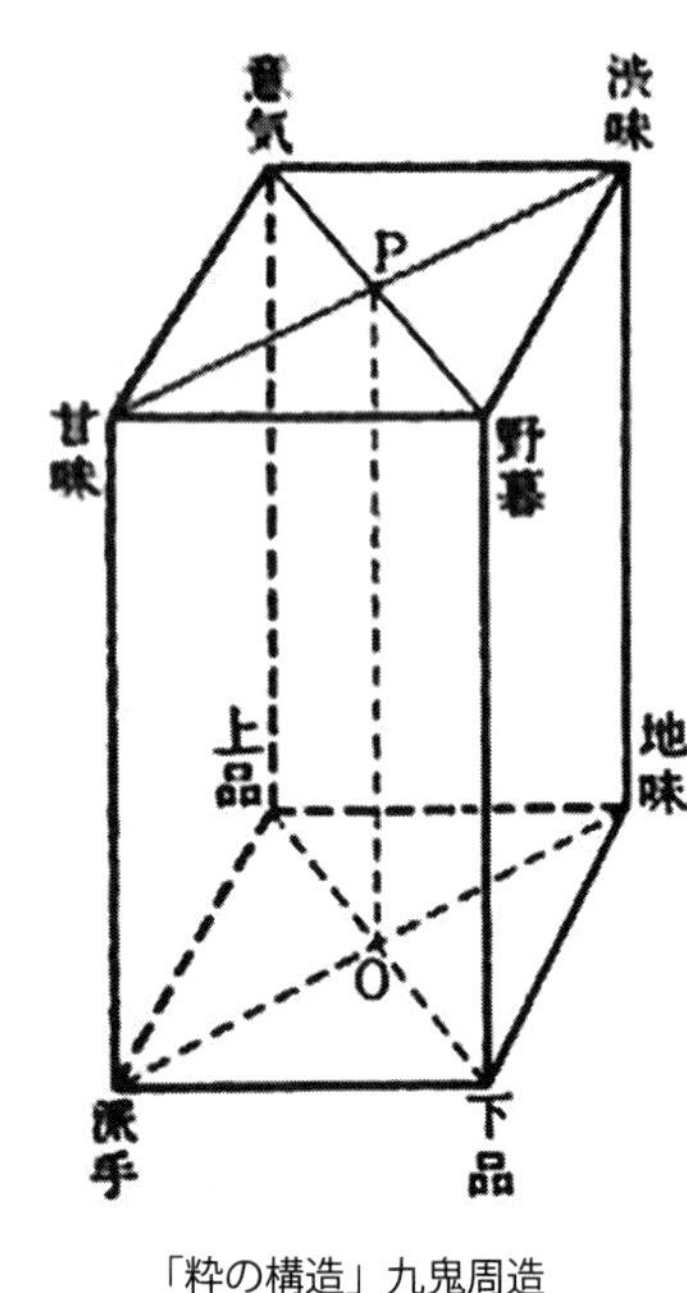

「粋の構造」九鬼周造

江戸っ児の気概

『野暮と化け物は、箱根より東にゃ住まぬ』と言って、生粋の江戸児(えどっこ)は『いき』を誇りにしたという。「野暮」は「野夫」の音転。「垢ぬけしている」とは、「世間や人情を熟知して」「異性や特殊社会のことにも明るい」の意。逆に「私は野暮です」という多くの場合に、野暮であることに対する自負があり、異性との交流の場で、洗練を経ていないことの誇りが主張されている場合が多いともいう。

「江戸の華」には、命を惜しまぬ町火消の姿とか、鳶職の寒中でも白足袋はだし、法被一枚の「男伊達」を誇る形が必須で、『いき』は「意気、意気地」につながり、江戸児の気概となっていった。「意気張り」「いなせ」「いさみ」は、すべてに気品がなければならないという。

『いき』は媚態でありながら、異性に対してなお一種の反抗を示す強みを持った意識である。そこから「武士は食わねど高楊枝、の心」のような武士道の理想とつながり、江戸者の「宵越しの銭を持たぬ、誇り」となり、「金銀を卑しきものとて、手も触れず」の廓の太夫の意気地となり、吉原の遊女は「野暮なお大尽」をはねつけたともいう。この理想主義が生んだ「意気地」によって、媚態が神聖化されていくのも『いき』の特色だ。

『いき』の特色のもう一つは「諦め」だ。

『いき』の原点が「苦界（くがい）（遊女の務め）」にあり、世知辛いつれない浮世の洗練を経てすっきりと垢ぬけした心、現世に対する執着を離れ、未練のない心、『野暮は揉まれて粋となる』の境地である。また流転無常を原理とする仏教の世界観、悪縁への諦め、運命への静観といった宗教的人生観が背景をなしているという。

以上の三つ「媚態」「意気地」「諦め」が相互に影響し合って緊張や持久力や可能性を、実生活の中で超然として中和の空気を吸いながら、無目的で無関心な自立的遊戯をしている、というのだ。要約すると、『いき』の定義は、「垢ぬけして（諦め）、張りのある（意気地）、色っぽさ（媚態）」ということになる。

少し理屈っぽいが、日本橋界隈の精神的なバックボーンであり、「浜町音頭」の味覚となっている江戸の『いき』を知るために、もう少し分析を楽しんで頂きたい。というのも、明治以来の舶来文化の波に洗われて、自分達の源流をすっかり見失っている現代日本人でも、歴史と伝統の街に住む我々だからこそ、学び直さねばならないと思う。（要は「浜町音頭」を『いき』に踊って欲しい！）

2.「いき」の美意識

外見的な視点からは、『いき』の意味するところは、「上品」「派手」「渋味」であり、その対立語として「上品」には「下品」があり、「派手」には「地味」、そして「渋味」には直接の対立語はないが、「艶」との微妙な対比と兼ね合いの妙というのである。実際の人間に重ねれば、「いきなお方」の対立者は「野暮な奴」と答えられるし、イメージも分かりやすい。この辺りが人間研究のテーマとしても面白い。

前出の二元性を象徴化した「二本の平行線」についても、人間の目が横についているから、不便を苦にしないでひと向きに目で追える「縦」でなければとか、『いき』であるためには縞が適宜の荒さと単純さをそなえて、二元性が明瞭に分かりやすいことが肝要であるとか、その分析はち密で論理的だ。面白いのは、「派手」と「地味」だ。『いき』との関係でいうと、「派手」は他者への積極的な媚態を感じさせる。

『派手娘、江戸の下より京を見せ』の古川柳は、江戸褄の下から加茂川の襦袢を見せるという句であるが、調和も統一も考えない華美濃艶は、趣味の下劣が暴露されて下品の烙印を押される恐れがある。

他方「地味」は、基本的に他人との関係に置いて消極的対応であり、『いき』の世界の媚態とは無縁のもの。しかし、飾り気のない素朴さは、『いき』の世界で一種の「さび」を見せて「諦め」に通じ、品質という審査さえ通過すれば、上品の部類に加えられる。さびた「心の奥床しさ」と、見られるからだという。

このように『いき』の美意識は、双数（一対の対比のニュアンス）判断が多い。（「過ぎたるは、及ばざるが如し」や「帯に短し、たすきに長し」）

「渋味」はしばしば「派手」の反対意味として扱われるから、「地味」と混同されやすい。しかし、「渋味」は地味よりも豊富な過去および現在をもっていて、「甘味」を否定するがゆえに「艶（つや）」があるというのである。

（「地味だね」と言わずに、「渋いね」と言おう！）「渋味」「甘味」とも、『いき』との関係でいうと、いずれも異性との特殊な位置を占め、「甘い夢」が醒めて我に還るとき、自律的遊戯としての『いき』へ転ずる。

更にその否定が優勢となって極限に近づくときに、『いき』は「渋味」に変化するという。「渋いつくりの女」とは、甘味から『いき』を経て「渋味」に行った物語のヒロインだ。これこそ、世の男性が求める「垢ぬけた小唄の師匠」や「割烹着の小料理屋の女将」像ではないか。（筆者も求める！）

3.「いき」の色彩

江戸の浮世絵から夢想するのは、『いき』な色模様である。『いき』の表現としての色彩は、決して派手ではなく、二元性を低声で主張するものでなければならないという。「灰色」、「褐色」、「青色」、この三系統のいずれかに属するものだ。灰色とは、白から黒に推移する無色感覚の段階である。色彩感覚のすべての色彩が、飽和の度を減じた究極は灰色となる。

『いき』の「諦め」を色調で表せば、「灰色」ほど適切なものは他にはない。「利休鼠」「深川鼠」「銀鼠」「漆鼠」、と江戸時代から『いき』な色として様々なニュアンスで貴ばれた。「褐色」は茶色であり最も好まれた『いき』の色。

「焦茶」「媚茶」「鶯茶」無数の呼び名があり、赤から橙を経て黄に至る派手やかな色調が、黒味を帯びて飽和の度を減じたもの、すなわち光度の減少の結果生じた色である。華やかな性質と濃淡によっては「諦めを知る媚態」、「垢ぬけした色気」を表現している。

「青系統」は、黒味に適する色、黄昏時（たそがれどき）に適合する色。緑、青、菫、紺、藍、紫、と冷色の『いき』である。華やかな体験にともなう消極的残像であり、過去を懐に抱きながら未来に生きている色。温色の興奮を味わい尽くした魂が、補色残像として冷色のうちに沈静を汲みあげる。色に染まりつつ色になじまないところが『いき』だというのだ。

『いき』とは、色っぽい肯定のなかに黒ずんだ否定を隠している。（ここも試験に！）

4．婀娜（あだ）

顔の「粧い」に関しては江戸時代には、京阪の女は濃艶な厚化粧を施したが、江戸ではそれを野暮と卑しんだ。江戸の遊女や芸者が「婀娜（あだ）」といって貴んだのも薄化粧のことである。髪は略式のものが『いき』を表現し、特に深川の辰巳風俗では、油を用いない水髪が喜ばれた。正式な平衡を破って、髪の形を崩すところに異性へ向かって動く二元的「媚態」が表れてくるのだ。またその崩し方が軽妙である点に「垢抜け」が表現される。

「襟足」「素足」「左褄」「手付き」すべてにおいて、無関心な遊戯が『いき』となって男を魅惑するのだ。

特に「手付き」は、媚態と深く関係している。「手管」は「手付き」というくらい重要で、手を軽く反らせることや曲げることのニュアンスに現れ、歌麿の絵には全体の重心が手一つに置かれているものもあるという。手は顔に次いで個人の性格を表し、過去の体験を語るものである。指先まで響いている余韻によって魂そのものを判断することもあるし、手が『いき』の表現となり得るのは当然であるという。

要約すれば、『いきの模様』は自分と相手という二元性を表現するための「平行線」であり、『いきの色味』は飽和点に達しない、黒味を帯びた冷たい色調のようだ。言いたかったことは、花柳界という非常に特殊で独自の世界観を持った人々が、この町の文化を育み、その歴史文化の味覚の影響を受けていま我々がいる、ということだ。

ポッピンを吹く女（歌麿画）

第六章 「いき」の源流

1. 岡場所

岡場所といっても、相撲の話ではない。

江戸日本橋を起点とした主要陸上交通路の五つの街道は、政治軍事上の必要性から幕府の道中奉行が管轄する当時最も整備された街道で、参勤交代など主に公用で使われた。東海道の「品川」、中山道の「板橋」、甲州街道の「内藤新宿」、そして日光街道と奥州街道には「千住」、という五街道の江戸に最も近いこれらの宿場は、人の出入りや物流も多く「江戸四宿」と呼ばれる盛り場の性格を帯びて行った。

盛り場と遊所は表裏一体。盛り場には複数の茶屋が出来て、そこには幕府公認の「飯盛り女」がいたから、「岡場所」といわれる遊所となっていく。

「岡」とは「脇」の意。岡場所はその後、人の出入りの多い好立地に増えて行く。つまり非公認の遊所であり、その代表格が深川であった。

江戸後期の戯作者、浮世絵師の山東京伝が「古契三娼」（天明七年）で、吉原・深川・品川を三幅対の岡場所（私娼地）として取り上げている。

2. 廓芸者と町芸者

遊里「深川」の隆盛がいわれるようになるのは、明暦の大火（一六五七年）以後のことで、一六九八年永代橋が完成して、神田の材木商達の貯木場として深川の利用、寺院の深川本所への移転、加えて富岡八幡宮の勧請造営が終わり門前町の体裁が整うにしたがって、米問屋、干鰯問屋など商業地としても栄え、必然的に遊所も発達していく。中町十七軒、土橋十二軒など、七つの茶屋街が出来て、官営の遊里吉原に比べ、手軽さと安さで店の番頭や職人たちの人気を呼び、公認の吉原を脅かす存在にまでなっていった。

近世女性史研究家、安原眞琴氏（ＮＨＫ講演録）によると、一七七〇年頃には吉原三千人に対して岡場所の町芸者は二千人にまで増えて、取締りも殆ど効果なく、仕方なく幕府は一七二〇年に、岡場所の遊女検挙者は家財没収の上、吉原で三年奉公すべしとの決定をした。そうなると受け入れる吉原は余剰人員を抱えることになり、その頃から遊女と芸者とが役割を変えて存在することになり、これが芸者の起りとなったという。

粋人の客相手の多い吉原芸者は、廓芸者と呼ばれ遊女の陰の存在となり、いわゆる「芸は売っても身は売らない」という吉原芸者が誕生する。それに対して深川など非公認の遊所は、町芸者と呼ばれ芸者と遊女を兼ねた存在であった。

3.「いき」の源流、深川

一七一三年（正徳三年）深川が、江戸町奉行支配下となり実質的に江戸市中となった当時に刊行された洒落本の中で、遊里深川は極めて大きな扱いを受けている。羽織芸者や子供女郎のもっている侠気、猪牙舟（ちょきぶね）を操る船頭の意気な扱い、二軒茶屋に始まった江戸前の料理、それに加えて吉原焼亡の仮宅営業、これらの狭斜情調（遊里気分）を総括するものが『いき』であり、深川通になるということは取りも直さず『いき』を体得することであった。

それが女の方に表れると「狭(きゃん)」となり、男では「いなせ」へと発展していく。こんな美意識が、江戸の社会全般に拡がっていくのにそれほどの時間はかからず、発生から三～四十年経った化政期から天保時代にかけて、『いき』は生粋の町人趣味として、ついには生活の規範として広く拡散されていった。(「ベラボウめ～!こちっとらア、江戸っ子でえ!」と、映像が見えるようだ…。)

人情本、浮世絵、挿絵類で見ていくと初代豊国の晩年の頃にはその萌芽がみられ、文政から天保にかけて『いき』の頂点の時代だったことが分かる。深川を仮宅にした遊女たちが、『いき』を身につけて吉原へ戻りそこから『いき』が広められる。

遊客側でも初めは遊所で起ったことが、芝居見物や祭礼の賑い、雪月花の物見遊山や社寺の御開帳ご縁日、日々の遊芸、と一般庶民の中へどんどん取り込まれていった。「いきは、深川に生まれ深川で育ち、深川から広まった美学である」といわれる。そういえば後年、売れっこ芳町芸妓の多くが深川出身であり、柳橋でも同様のようだ。

『いき』で武装した深川という岡場所の芸妓が、本場の花柳界の精神的支柱をつくっていったという皮肉な現実は、「文化は怪しげなるものの中に、次の時代の萌芽がある」という原則をここでも証明している。吉原といい深川といい、遊里(苦界)の辛苦と諦観の中から『いき』の美学が生まれてきたという、人間精神の重層深淵でその不可解さが素晴らしい。(一人で感動!)

「深川」という地名は、慶長の初め頃上方から江戸へ下った、深川八郎衛門が埋め立てたところから起こったといわれる。「いきは深川、いなせは神田、人の悪いは××町」という川柳がある。××とは何処だろう？　浜町では語呂が悪いから、どこか他所の町に決まっている。

明治八年の「諸芸人名録」には八百五十一名の芸妓が登録されているが、内新吉原が百四十六名で一番多く、次いで両国柳橋の八十一名、『いき』の発祥の地深川はわずか十八名となっている。芳町柳橋辺りに進出して、モテモテだったのではと推理する。

4. 史蹟・玄治店とお富さん

（ついでに寄り道！）人形町交差点の北側角に「史蹟玄冶店の碑」がある。

玄冶店（げんやだな）と聞くと、歌舞伎「与話情浮名横櫛（よはなさけうきなのよこぐし）」で登場する「お富」と「切られ与三郎」の絡みの場で有名だが、ここは江戸の実在の地名で、幕府のお抱え医師・岡本玄冶法印の屋敷跡。

岡本玄冶は、将軍家光の疱瘡を全快させた名医としてこの辺りに屋敷を与えられ、奥医師（将軍を診察した医者の職名）として、玄冶店で九代に渡り名跡を継承した。玄冶店の「店（たな）」は、借家の意。その昔は遊郭だった玄冶店の辺りには、芝居関係の住人も多かったから、芝居の舞台として取り上げやすかったのか。切られ与三郎とゴロツキ仲間の蝙蝠安が、強請りたかりで押し入った先が、なんと三年前に別れた昔馴染みの「お富」だったという、二人の絡み合いの名場面。

筆者は市川雷蔵主演の映画も観たが、この話は実話に基づいている。

実際のモデルは、江戸長唄の名家で四代目芳村伊三郎の若い頃の体験話を聞いた八代目市川団十郎が、歌舞伎台本として書かせたもの。実の名前は「伊三郎」と「おきち」であり、今も千葉県茂原の寺に伊三郎の墓所がある。戦後、春日八郎の唄「お富さん」の大ヒットはご愛敬だが、『いき』と「婀娜」が唄い込まれているので、さわりだけ紹介しよう。（…アア、知ってるよね。）

お富さん

作詞　山崎正　作曲　渡久地政信

イキな黒塀　見越しの松に
婀娜な姿の洗い髪、

玄冶店跡の碑

死んだ筈だよお富さん
生きていたとはお釈迦様でも
知らぬ仏のお富さん
エーサオー玄冶店

第七章　浜町と接遇文化

浜町は明治の初年より下町の山の手として朝野の名士富豪の住宅地として発展し、また近くに株式取引所、米穀取引所などがあり堀留、大伝馬町の問屋街を控えているなどの必然性から、料理屋、待合、花柳界などが集まり粋な街として独特の雰囲気を持つ街となっていった。

浜町の芸者といえば、それは「芳町芸者」のこと。明治16年刊行の「東京妓情」に

『芳町、日本橋の東にあり、元大阪町、住吉町、葭町、浜町三丁目に住む花妓を総称して、芳町芸妓という』

と定義されている。

その記録によると、芳町芸妓の盛衰は、明治四年九十九名、明治三十八年二六七名、大正十二年八九八名、昭和三年七一三名、昭和十年一一三名、大体浜町の花柳界は、蛎殻町で生まれ育ち、その後浜町に来て大成した人が多いとのこと。別の資料では、昭和初め頃の浜町（一～三丁目）は、二百数十軒の待合、芸者八十五人、お酌さん（半玉）八十人がいて、蛎浜橋の辺りを

中心に賑い、浜町川（浜町堀）の人形町側には置屋がズラリと並んで、浜町の料亭街は同じ賑いの蛎殻町辺りと比べ少し高級だった、とある。

また当時は柳橋、新橋とならんで浜町は、三大格式料亭街であり、病院であれ、保養所であれ料亭であれ、浜町に出入りの業者は、取引出来ることが名誉だと、勘定は年に盆暮れの二回で当たり前だったとのこと。

おもいでて目こそうるめなつかしき　浜町河岸の夏の夜の灯を
浜町の夜のいろよな　かの人の　濡れ髪に似る　夜のいろよな　吉井勇

風光明媚で空気のきれいな浜町は、病院や療養所が多く、高級料亭はその殆どが女将さんで支えられていた。一般の家庭でも、

『私の生まれ育った昭和初期、この浜町は横山町や兜町に店舗を持った方々のお住居が多かったように記憶しています。また、有名な料亭や待合いも数多くあり、中でも「醍醐」とか「喜文」といった店は格式もあり政財界をはじめ、多くの文化人達も訪れていたと聞いています。黒塀に、

趣のある玄関には盛り塩が三つきれいに置かれ、打ち水をする男衆や、名入りの印袢纏を着た下足番の小父さんの、威勢よく働いていた姿も懐かしく想い出されます。夕暮れ時ともなると、芳町の奇麗どころが人力車にゆられ、夜更ければ新内流しの三味（三味線）の音が聞えてくるといった情緒ある静かで粋な町でありました。』（「私のふるさと―浜町」、東ナヲ氏）

『…当時の浜町は表通りには商店が並んでいたが、一歩裏へ入ると仕舞店や長屋で、各家は庭こそなかったが、それでも格子戸や玄関は美しく手入れが行き届き、折々その奥から三味線や長唄が流れてきて、震災前の粋な浜町の名残をとどめていた。その頃の浜町は芸事が盛んで、どの家でもたいてい女の子は五〜六歳になると長唄か三味線か踊りを習わせられた。また母親（お内儀）の多くは三味線か長唄などをたしなみ、旦那衆も清元、長唄、小唄にとその喉を競っていた…』（「続浜町史」、窪田悟郎氏）

浜町の住人は豊かで、女将さんたちは三味線のお稽古は当たり前。娘さんも三味線、長唄を当然のように教養として身に付けた。いうまでもなく浜町は、花街の伝統を受け継ぐ女社会の街。男の子は大抵外へ出されてしまうから、住民も働き手も女たちが主役。料亭で働く女中さんも、下働き（台所専門）、中働き（お運び専門）、上働き（お座敷専門）と三種類で、昭和16～七年位までこの町のスタイルは気高く晴れやかに続いた由。（これぞ日本のビバリーヒルズだ…！）

第八章　復興の街、復活の力

大正年間は、当初こそ第一次世界大戦で日本の国益が大きく増進し、国内事情は好景気に沸いた。産業の発展が女性の社会進出を促し、「職業婦人」が加速度的に増加していく。大正デモクラシーの時流に乗って、男性には普通選挙の実施や、自由教育運動で庶民にも教育の普及など、進取の気風と称して明治の文明開化以来の西洋文化の摂取が華やかとなり、いわゆる「モダニズム」が生活全般を席巻した。同じ中央区の銀座でも、モボ・モガといわれる西洋文化の影響を受けた新しい風俗や、流行を身に付けた先進的な若い男女が街を闊歩した。モボは「モダンボーイ」、モガは「モダンガール」の略で、一九二〇年代頃（大正末期から昭和初期）のことである。

英国留学から戻られた若き昭和天皇の御代となって、帝都の復興も加わり東京中がようやくの明るい希望に満ちてきた、と思えた。

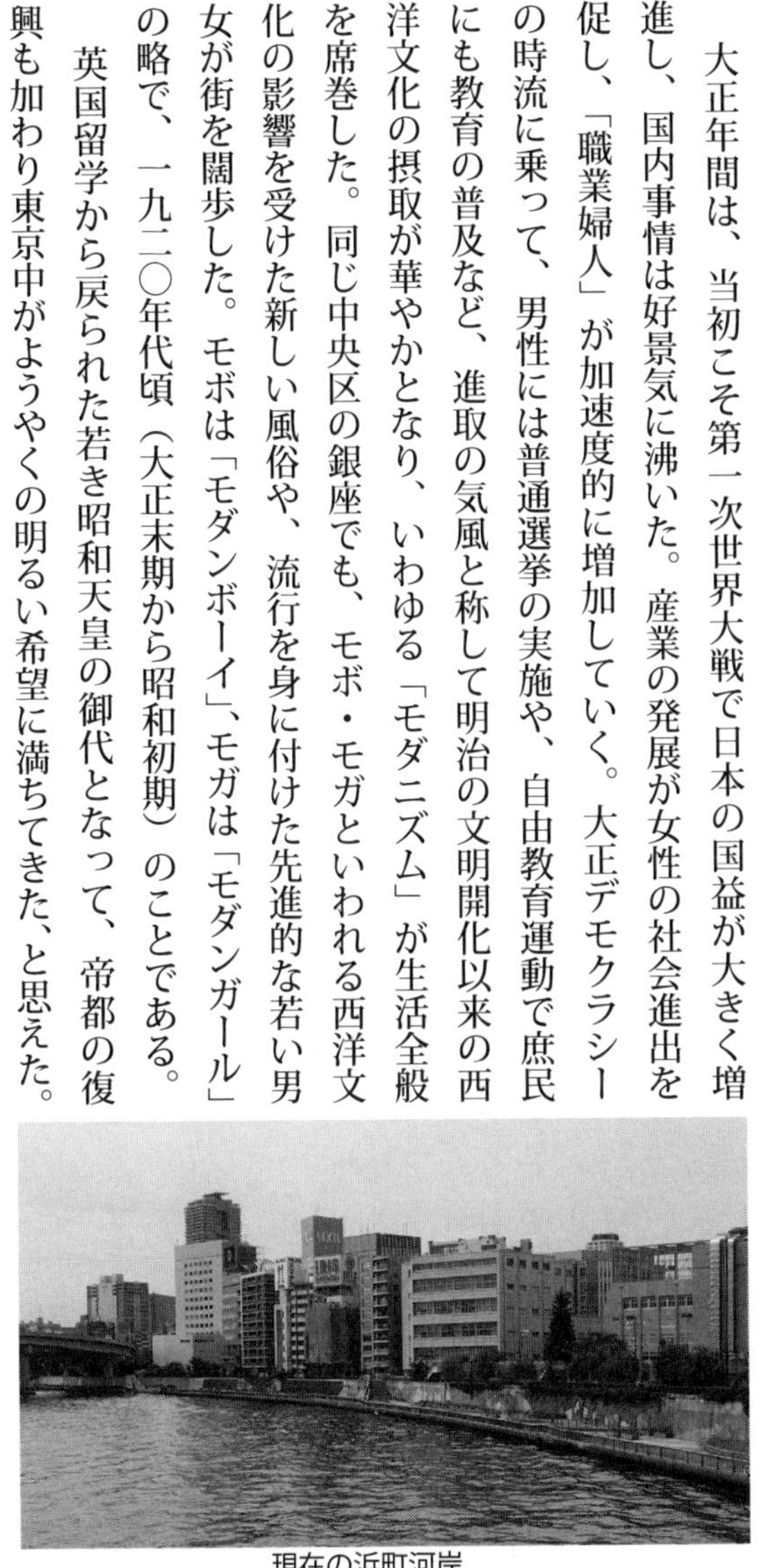

現在の浜町河岸

昭和十年代（一九三〇年代）に入ると世界恐慌と支那事変の影響から、世相は変わり暗い戦争の時代へと進んでいく。政情不安と昭和金融恐慌で街に失業者があふれた。しかし一方で「大正浪漫」といわれる民衆の文化が花咲き、虚無頽廃の中にも個人の理想主義や耽美主義といった、文化的には芳醇な土壌の時代が昭和の初め頃までは続いていく。

1．永代橋、清洲橋、新大橋

近隣では昭和三年三月に、優美にして震災復興の花といわれた清洲橋が完成する。深川清澄町と日本橋中洲町を繋ぐことから命名された清洲橋は、下流の永代橋との対で設計されたという。一九二六年（大正十五年）に震災復興事業第一号「帝都東京の門」として再架橋された

震災前の永代橋

永代橋は、一六九八年（元禄十一年）五代将軍綱吉の五十歳を祝って、現在地より一〇〇メートル上流の深川の渡しに隅田川では四番目に造られた歴史を持つ。

ドイツライン川のルーデンドルフ鉄道橋をモデルに再架橋された、径長一〇〇メートルを超えるわが国では最初の橋であり、路面電車も敷設されていたが、底面が木材だったので震災では避難民と共に炎上し、多くの焼死者と溺死者を出した。その隅田川河口の大橋「永代橋」は、太古の恐竜が爬行するが如く大川を渡るのに対し、清洲橋は吊り橋の姿を水に映して、そのコントラストが都市美に抑揚を与えるようにと考えられた。男性的で雄大な永代橋と、女性的で優美なシルエットの清洲橋。

やはり同じドイツのライン川に架かるビンデンブルグ橋がモデルの清洲橋は、永代橋に次ぐ第二橋梁「東京の門」として世界に恥ずかしくない橋をめざしたという。

清洲橋

東京の　月のけしきの　清洲橋　　万太郎

序に、先刻触れたお助け橋の「新大橋」の概要についても触れておく。こちらは古い。一六九三年（元禄六年）、現在地よりやや下流にはじめて木の橋が架けられた。当時は既に、両国橋が一六五九年（万治二年）に架けられ「大橋」と呼ばれていたので、こちらは「新大橋」と称した。当時近くの深川に住んでいた俳人芭蕉は、架橋を喜んで句を残している。

橋の建設途中には

初雪や　かけがかりたる橋の上

橋が完成してから

有難や　いただいて踏む橋の霜

と詠んでいる。

新大橋はたびたび架け替えられたが、一九一二年（明治四十五年）に現在位置に鉄橋の新大橋が誕生した。この鉄の橋は関東大震災（一九二三年）と大戦（一九四五年）での大空襲にも耐え、橋上において多くの人命が助かったため、「人助けの橋」といわれるようになった。その鉄橋は六十有余年の間、道路橋としての使命を十分に果たして、一九七七年（昭和五十二年）現在の橋に架け替えられた。

その鉄橋の一部はいま、愛知県犬山市の「明治村」に保存されている。

大橋にさしかかるとき帆柱を
　倒す仕掛けの船もくるかな　　与謝野寛

悪臭の漂った浜町川には下水道機能を兼ねて中の橋が新しく完成。

浜町川は、現岩本町三丁目付近で神田川から分かれて南東方向へ（現緑道の筋）、清洲橋の下流付近で箱崎川（隅田川）へ合流していた。

2. 浜町公園の完成

震災の教訓として、公園は単に市民の健康や憩いのスペースではなく、防火災や避難地として重要なインフラであることが認識され、三大公園（隅田・錦糸・浜町）と小学校に隣接させる五十二の小公園が新設された。

また御料地や財閥の寄付により、猿江恩賜公園、旧芝離宮恩賜公園、清澄庭園、旧安田庭園、など大規模な公園の新設が実現。三万八千人が焼死した本所の被服廠跡地には、震災記念堂が建てられ横綱町公園となった。

震災後の焼け野原だった復興工事から、帝都基本構想の下、旧細川邸、毛利邸の敷地を包含して昭和四年に「浜町公園」はようやく完成をみたのである。

以下は中央区史より

『大正十二年十一月復興院理事会で決定した東京復興公園計画により日本橋公園（約一万坪）を建設することになり、その場所として浜町一丁目と二丁目との間に一万一千坪が選定された。その区域は南北約一六〇間、東西平均六十五間であり、その位置により浜町公園と命名された。

この土地の所有者は、徳川頼倫、細川候、安田保善社の三者であったので、買収には復興局が当たった…』

『公園中央の隅田川に臨んだ一画に広場を設け、その中央に建坪十六坪五合の記念塔を建設した…』『その他公園正面入り口の中央に噴水を設け、敷地の東南隅六百坪のところに長径二十五米短径十六米のプールを、南隅に百六十坪の児童遊園、北西隅に卵周型七百坪の広場を設け運動場とした。開園以来この公園は付近住民のオアシスとして利用され…（後略）』だいたいのイメージがお分かりだろうか。とにかく広場に噴水とプールがあって、突き当たりに赤レンガの記念塔が立った。

その浜町から…、ああ筆者は次の一行を書きた

開園当時の浜町公園

いために、字句を連ねているのだが…。そう、ここに一つの「音曲」が文字通り「復興のシンボル」として誕生し、近代盆踊り文化の魁として花開いたのだ。（ジャン、ジャ〜ンと銅鑼の音！古い？）

地元で復興責任者の佐藤長祐は、『新しい浜町の親睦と景気づけに、盆踊りでも…』と地元の親しい仲間内や、明治座生まれの脚本家であり役者でもあった木村錦花に相談した。

同じ明治座の役者で錦花の妻の木村富子が作詞して、作曲は杵屋栄蔵師、振付は藤間勘右衛門師と、当時としては超一流の芸人が創り上げた。さしずめ今日ならピッカピカの無形文化財、『浜町音頭』の誕生である。その頃、浜町金座通り商店街は、最も晴れやかな時代を迎えていた。以下「続浜町史」より

『（…昭和五年三月の復興祭の）天皇陛下御巡幸を前に、各町内で山車を作り美しく飾り立てた。…新しく整備された金座通り（現清洲橋通り）を天皇陛下の車が、

しずしずと通り過ぎていった。美しく整備された金座通りには賑やかに露店が並んでいた。山車の上では町内の年頃の姉さん達が揃いの浴衣で、「浜町音頭」を美しく踊っていて、それを皆で引いていた。

踊りながら練り歩いた山車の行列に、町中が震災からの復興の意気に沸き立っていた。夜には金座通りの両側にずらりと並んだ夜店のアセチレンガスの灯りが、街路に光を描き、町中が華やかに復興を祝い、今後の発展に胸をふくらませた。…』

第九章　盆踊りの歴史

当初、佐藤長祐の発案に対して、『都心日本橋で、盆踊りなどとんでもない！』と強い反対の声が多く、暗闇や裸電球の下で踊る下卑た盆踊りとは一味も二味も違う「都会的な盆踊り」だからと説得し、ようやく誕生させたという。それには「盆踊り」という芸能が、大人から子供まで民衆の行事として定着するまでの、歴史的背景を少し知っておかねばならない。

1．念仏踊り

盆踊りは、もともと仏教行事からきた説、歌垣の遺風（古代の風習で、飲食を携えて男女が山や市に出かけ、歌舞や求愛を中心とする集団的行事）という説、原始信仰の儀式からだとする説などあり、文献に出てくるのは室町時代からである。平安時代に空也上人によって始められた「踊り念仏」が、民間習俗と習合して「念仏踊り」となり、盂蘭盆会の行事と結びつき、死者を供養するための行事として定着したと言われている。歌舞伎踊りを始めた出雲の阿国も、初めは念仏踊りの一種を演じていた。念仏踊りは民俗舞踊として、踊り念仏とは区別される。

2. 盆踊り

死者の供養の意味合いを持っていた初期の盆踊りは、新盆を迎える家に人々が集まり、家の前で輪を作って踊り、家人は踊り手をご馳走で持て成した。盆には死者が帰って来るという考え方から、頬被りをして人相を隠し死者の生き返った姿に扮した人がその物語を演じたという。鎌倉時代には、一遍上人が踊り念仏を全国に広めたが、一遍や同行の尼僧らは念仏で救済される喜びに衣服もはだけ激しく踊り狂い、法悦境へと庶民を巻き込んで大ブームを引き起こした。これ以降盆踊りは、徐々に宗教性から芸能に変化して、衣装や踊りも工夫されより華やかになっていった。

鎌倉時代以降、より豊かで活発な民衆の力が、新奇な趣向へと発展させ、江戸時代初期には盆踊りは絶頂を極めた。昔は旧暦の七月十五日が初盆の供養と決まっていたので、盆踊りはいつも満月であった。満月がもたらす妖気伝説は、世界各地にあるが、灯りの乏しい時代の月明りは、今とは比べようもないほどの別世界が現出したのだろうと想像できる。

江戸では七月に始まり、連日踊り明かしながら十月迄続いたから、盆踊りは次第に性の解放のエネルギーへと結びついていった。日本では性は神聖なものとされ、神社の祭礼を初めとし、念仏講、御詠歌講など、世俗的宗教行事の中心に非日常的な「聖なる性」があるべきと考えられるようになり、盆踊りは性の解放エネルギーを原動力に性的色彩を帯びるようになる。鄙びた神社で散見される、妖しげさを醸し出している土俗信仰は、現代社会が見失ってしまった日本人本来のエネルギーのＤＮＡであり、見直されなければならない。

そのことはともかく、明治時代にはしばしば風紀を乱すとして警察の取締りの対象となった。盆踊りは未婚の男女の出会いの場にとどまらず、既婚者らの一時的な肉体関係のきっかけの場も提供していた。ざこ寝という風習も盆踊りと結びつき広まり、ざこ寝堂はほとんど全国の農村に存在し、これは昭和の時代になっても続いていく。

盆踊りは、歴史的には村落社会において、娯楽と村の結束を強める機能的役割を果した。そのため、各地にご当地音頭も多く存在し、誰でもが踊りに参加できるタイプと、主として見せるために考案され、限定された踊り手が踊るタイプとがある。当然「浜町音頭」は踊りの練達者が住む土地柄を前提として、ご当地向けに造られた後者の「見せる盆踊り」の部類と考えるのが自然だ。

第９章　盆踊りの歴史

3. 名門の出

ここで、まず作曲者と振付師について説明しておかねばならない。

「浜町音頭」という作品の誕生の環境が、いかに平凡卑俗ではなかったか、ということについてである。作曲を担当した杵屋栄蔵とは、正確には長唄三味線方の名跡、「三代目杵屋栄蔵」（一八九〇～一九六七年）のことで、長唄協会々長等を歴任、豪快な芸風で知られ、古典の復活、研究、伝承に力を入れ、日本邦楽学校を創設。多くの著作も残している。

明治座座主、左團次一座の邦楽部長を務めている関係や、松竹の邦楽顧問でもあったから、木村錦花や佐藤長祐とは親しい仲間内の感覚で作曲を依頼した経緯が、容易に想像できる。

振付を担当した藤間勘右衛門とは、日本舞踊藤間流家元、「三代目藤間勘右衛門」であり、明治から昭和前期の歌舞伎役者「七代目松本幸四郎」（一八七〇～一九四九年）その人である。恵まれた容貌と堂々たる口跡に裏打ちされた風格のある舞台で、時代ものや荒事に本領を発揮。特に『勧進帳』の弁慶は当たり役で、生涯に一六〇〇回演じたという。非常に生真面目な上に辛抱強く、文字通り体を張った役者であったとのこと。

因みに彼の養父、二代目勘右衛門は、九代目市川團十郎に引き立てられて一時代を築き、勘翁と名乗った晩年は、「浜町の藤間」と呼ばれた方で、まさに歴史の伏線というべき。二人が活躍した時代素地が、戦後の文化芸術の殆どの基盤を育み完成させたといわれる「大正浪漫」の時代であり、絢爛の文化を飾ったその主役達であったということが重要だ。

4．日本舞踊とは

「藤間流」が出たところで、日本舞踊という芸能について少しおさらいをしておきたい。（おさらいばっかり！）

近年では、日本舞踊の国際化に伴い欧米諸国やアジアでもｎｉｈｏｍｂｕｙｏの呼称も定着しつつある。「舞踊」は、明治の初めに劇作家の坪内逍遥と福地桜痴が考案した翻訳造語で、本来は英語のｄａｎｃｅの和訳だ。日本の伝統的な舞踊は、「舞い」「踊り」「振り」の三要素によって構成され、それぞれはオーバーラップしていて峻別はできないが、「舞い」は、荘重な歌や音楽に合わせて摺り足や静かな動作で舞台を回り、心の内水平的な動作で表現し、「踊り」は軽快な歌や音楽に合わせて、足を踏み鳴らして拍子を取りながら、動きのある手振り身振りでうねり回る。意味の伴わない肉体的動作で律動的に表現する。庶民的で、江戸時代になってから発達した。（「念仏踊り」「盆踊り」）「振り」は、歌や音楽に合わせて、日常的な動きや仕草を舞踊として表現する。演劇的要素が強く、江戸時代に歌舞伎や人形浄瑠璃の発達に伴って派生した。「上方舞」「歌舞伎舞踊」（所作事ともいう）など浄瑠璃や長唄を伴奏に使って踊る。その他に、「剣舞」「新舞踊」「吟詠」など比較的新しい舞踊がある。

また日本舞踊の主な流派は、嘉永五年（一八五二年）に発行された番付には14流派が掲載されたが、大正時代に急増。戦後に分派化と創流が一層進み、日本舞踊協会加入が約一二〇、その他でおびただしい数に上る。その中で特に、「五大流派」と呼ばれるのは以下の通り。

「花柳流」…嘉永二年（一八四九年）、花柳壽輔が創始。初め子女の習い事として浸したが、現在では組織力の強さで名取が約一万五千名を擁する最大流派。

「藤間流」…宝永年間（一七〇四〜一七一一年）に、初代藤間勘兵衛が創始、のち茅場町の勘十郎と浜町の勘右衛門家に分かれる。歌舞伎舞踊の振付けの家元。勘右衛門家からは三世藤間勘右衛門（七代目松本幸四郎）が出て、松本流を派生させた。（「浜町音頭」の振付を担当）

「若柳流」…明治二十六年（一八九三年）、初代花柳壽輔の門から出た花柳芳松が若柳吉松と改名して創始。花柳界で発展したため手振りが多く、品のある踊り。

「西川流」…元禄年間（一六八八～一七〇四年）に始まり、二代目西川仙蔵が確立。三〇〇年の歴史を持つ。

「坂東流」…化政期（一八〇四～一八三〇年）を代表する歌舞伎役者、三代目坂東三津五郎を流祖とする。三代目三津五郎は江戸歌舞伎きっての舞踊の名手で、所作事に多くの名作を残した。

つけ加えて、「浜町音頭」の曲調となっている「長唄（ながうた）」についても説明しておくと、「長唄」は、近世邦楽の一ジャンル、三味線音楽の一ジャンル、江戸の音曲の一つであり、正式名称は「江戸長唄」である。「語り」を中心とした義太夫節などと異なり、唄を中心とした「歌い物」、「うたもの」である。演奏は基本的に複数人の唄と三味線で構成。曲によって小鼓、大鼓、太鼓、笛などの「お囃子」が付く。江戸時代に歌舞伎の伴奏音楽として発展した。

第十章　テーマの芸術化

当時の最高峰のこの両者が関わり完成した「浜町音頭」という作品は、「盆踊り」という枠（ジャンル）など遥かに超えて、結果的には「テーマ」（浜町の復興・復活を祝う）の芸術化であったと考えている。

1．「浜町音頭」誕生

それは今のような平時ではない。都市の大半を焼失し肉親を失い、住民の多くが塗炭の苦しみの中を生きているという、毎日が真剣勝負のリアリズム、そこに以前とは比べようもない整備近代化された美しい町として復興し、加えてさらに地元庶民のための浜町公園と明治座が竣工したのを記念して制作するという、背景（バックグラウンド）が重要だったのである。

制作者のイメージした踊りの対象は、芳町を控える万事芸事に熱心な土地柄であることや三味線、踊りに達者な人が多いという背景。
これ以上はないという「ハード」(復興の街)と「ソフト」(踊り手の質)の両面を動機として制作陣の張り切りようが一入ではなかったことは、容易に分かろうというものである。事実、昭和初期の夏の夜の踊りの大会には、女子供は勿論お座敷帰りの芸妓やお酌、明治座出演中の役者もまじり、一夜を踊り明かし、新装なったさしもの広い浜町公園が人であふれ、一杯になる程であったと記録されている。

前出の窪田悟郎氏は、当時を偲んで、

『…だから夏の浜町音頭の大会の時には、明治座前や浜町公園に屋台が出来、それを二重三重に踊り手が輪をつくり夜の更けるまで踊り明かした。夜も遅くなると、明治座に出演中の役者やお座敷帰りの芸妓、お酌などもその輪の中に加わり華を添えた。櫓屋台の上では、のど自慢の旦那衆や腕自慢のお内儀さんが、浜町音頭を唄い、三味線を引いた。その華やかな光景は今も瞼の中にはっきりと浮かんでくる…』と伝えてくれる。

「浜町音頭」の音節は当初は十節からなると聞いているが、今となれば資料によってもまちまちであり、順番さえ違っている。一節の先と後の句の組み合わせさえ異なる資料もあり、これで振りとの関係は大丈夫なのかと心配になる。

昭和四年に録音されたレコードでの六節は、商業政策上のことでそれはいいとして、最初のオリジナルを地道に調べるしかない。当時の浜町の時世を最も伝えてくれる（誕生時のものに近いと思われる）詞を、「浜町音頭保存会」元地方グループ山田順規氏の資料（二〇一一年九月）から転載しておくことにするが、正確かどうか今は定かではない。

祝い囃して　賑やかに　浜町踊りは　ヨイヤサ

一、手前揃えて　足拍子軽く　ヤットナ
　浜町踊りは　一をどり　ヨイヨイヨイヤサ　ソレー

二、仲も葭町　気も柳橋　ヤットナ
　踊る手振りも　しなやかに　ヨイヨイヨイヤサー　ソレー

三、船じゃ櫓拍子　こちゃ糸竹の　ヤットナ
　　唄で夜が明け　日が暮れる　ヨイヨイヨイヤサー　ソレー

四、河岸の小唄に　鴎が舞えば　ヤットナ
　　恋の中洲にゃ　灯がともる　ヨイヨイヨイヤサー　ソレー

五、園（にわ）の千草に　涼風吹けば　ヤットナ
　　月の大川　金の波　ヨイヨイヨイヤサー　ソレー

六、浜町よいとこ　涼みにござれ　ヤットナ
　　水の公園　舟の唄　ヨイヨイヨイヤサー　ソレー

七、闇の花火が　千両ならば　ヤットナ
　　金座月夜は　二千両　ヨイヨイヨイヤサー　ソレー

八、今年や世が好うて　お茶屋は繁盛　ヤットナ
　愛し君様な　お繁盛　ヨイヨイヨイヤサー　ソレー

九、お江戸日本橋　金座に住めば　ヤットナ
　蔵を立ちょもの　金蔵を　ヨイヨイヨイヤサー　ソレー

十、浜町名物　踊りがござる　ヤットナ
　ほんにその夜の月の色　ヨイヨイヨイヤサ　ソレー

唄い囃され、世につれて変遷していくのは、地唄音曲の宿命かもしれない。資料によっては以下のような句も掲載されている。

お勝ち守りを肌身につけりゃ　心清正　気も強い
花の芳町　月柳橋　恋の中洲にゃ灯がともる
御幸むかえて輝く金座　復興まつりも賑やかに

誤解を恐れずに言えば、歌詞はさして重要ではなかったのかもしれない。時節場所に合わせて、或いは即興のしゃれた替え歌でもよかったのではとも思える。それは見て頂く「踊り」、魅せる踊りだったからだと考えるからだ。（踊りのプロ集団！）

一方で、唄われ踊られる実態と、「オリジナルの研究」は無論別のことだ。

前出の山田氏によれば、近年歌詞が六節までに省略されている理由として、レコードの吹込み当時、七十八回転のＳＰ盤の録音可能時間のため調整されたのではという。そしてこれは、節ごとに異なる振付の習得に踊り手側の負担軽減にもなり、近年では生演奏よりもレコード演奏に頼ることが多い実情など、短縮化の御尤もな説明である。

そして改変することで、原作詞者の木村富子、原振付師の藤間勘右衛門との関わり上の問題の指摘や、歌詞中の「かろく」を「軽く」などのように現代仮名づかいで唄う風潮に対しても、歴史ある伝統芸能の保存上から警鐘を鳴らしている。筆者も同感である。正確な歌詞の検証と共に、『浜町音頭保存会』としての姿勢をあらためて徹底すべきであろう。

2. 太陽とお月さま

江戸幕府の崩壊から明治維新へ。最初は薩長主体の近代文明への幕開け。それを引き継ぐ新主権者たちによる明治政府という新しい秩序の下で、直接的には関東大地震という緊急的措置から「帝都復興構想」に繋がっていった。大正デモクラシー・大正浪漫という庶民のエネルギーを母胎として、ハード・ソフト両面から大江戸に対比する近代日本の大東京という首都へと整備されていく。そこへ京都から東京への遷都は、同時に関西圏の文化がその東京へ流入してきて、江戸明治という歴史の土壌に「復興」というキーワードで、この郷土文化「浜町音頭」が生まれたと私考する。

「浜町」はその昔は太平洋の波に洗われる砂地であり、その後お茶の水の土（？）で埋め立てられて陸地となって、江戸開府から江戸期、歌舞の技芸やいき文化に洗練され、いくつもの災害を乗り越えながら、今から一五〇年ほど前に「武家地浜町」としての風格を添えて誕生した。（この風格・威厳が大切！）

九十年ほど前には震災で瓦礫の街と化し、また七十年ほど前には戦火を浴びて、塗炭の苦しみの中から多くの犠牲者を出しながらも、三たび不死鳥の如く復興してすべてが再出発の真新しい環境下で、新しい郷土の祝い舞唄が、雅やかに披歴された。それは京風の座敷踊りを源流としながらも、この地の自然と一体化した江戸の気品と知性、伝統の型を兼ね備えた「盆踊り」としてであった。

その踊りが、東京の中心地中央区に、そして日本橋（浜町）に確固として存在しているのである。この間、幾多の郷土の先人たちによって、感謝と祈りの中で愛でられ守られてきた郷土の精神の文化財「浜町音頭」を、郷土のシンボルとして掲げるのは当然のことであろう。

一方、「浜町音頭」より一年遅れて昭和五年に誕生した「丸ノ内音頭」は、迫りくる世界的な経済恐慌や中国大陸に広がる戦火の重苦しい国内気分を転換させようと、一九三三年（昭和八年）に西條八十作詞、中山晋平作曲と同じコンビで、いわば商業政策として「東京音頭」に改作されたもので、基は民謡「鹿児島おはら節」を引用したといわれている。明るく軽快なテンポで踊る「東京音頭」を太陽に例えるならば、舞う「浜町音頭」は月。大東京中央区が誇る太陽と月、一対の〈二大音頭〉として、位置づけられるべき誉れの芸術・郷土のソフトレガシー（遺産）である。

3. お披露目

一九二九年（昭和四年）七月15日から三日間、浜町公園の開園を祝って庶民の殿堂「明治座」で賑々しく披露された。踊りはもちろん芳町芸妓連。稽古稽古を重ね、緊張の内にも矜持に満ちた絢爛の踊りが…、とここまで書いて、当時の写真一枚残っていないのがいかにも悔しく、信じられないことだ。存在した筈の資料や紙片一枚、どうぞ何方かからでも見つかりますようにと祈っている。とにかく、あの大戦を乗り越えて、地元有志により受け継がれ（維持保存され？）、毎夏の風物詩として踊り継がれた、この時間（歴史）の重みは、掛替えのないこの町の文化であり、涎（よだれ）ものの「宝物」である、と再度強調しておきたい。

「浜町小学校百年史」から、三十九期生村松祥代氏の学童集団疎開での「浜町音頭」という貴重な寄稿文を紹介したい。なお当時、浜町国民学校児童は、集団疎開で教師の引率の下、昭和十九年八月より埼玉県の飯能市と入間郡日高町の四つの寺院に分かれて疎開している。

『…やっと食事も終わってほっとしていた学寮の夕方、先生が光音寺の本堂に皆を集めて浜町音頭大会を開いてくれた。レコードがあったのかな、記憶がはっきりしない。幾番かある浜町音頭を順序よく唄いながら踊ったのは確かだ。なぜあんなに上手に皆が踊れたのか？

「うめえな。あの子の踊り」「可愛い子、あの子」人々が指をさしながら騒いでいる方を見ると、友達が手足を軽やかに動かして、熱心に踊っている。

本当に際だって上手い。寺の近所の子供たちが沢山集まって縁側に腰を掛けたり、廊下に上がり込んでいた。ペチャペチャと話す声や踊っている子供たちをひやかす声等がまざって聞こえる。「さつま食うか?踊ったら腹へるべ！」「うめえんだな。疎開っ子。踊りがな！」

子供達にまざって大人達まで集まっていた。踊ると不思議に淋しさが薄らぎ、東京への思いが和らいだ。時々体を休めて、皆の踊るのを座り込んで眺めていると、モンペにシャツやブラウスを着ていて、浴衣を着ているわけではないのに、浜町公園で浜町音頭を踊る人達に重なってみえてくる。

小さい頃、私も早い目にお風呂をすませて、踊りに行くのが嬉しかったのを思い出した。夕方になると家の前に人通りが多くなる。浜町音頭を踊る人、見物の人たちが行き来する。毎年、花菱の柄をモチーフにした揃いの浴衣、団扇が町内で作られた。人々の気が盛り上がって、町内中が浜町音頭の雰囲気で充満する。

兄も私もそんな浴衣を着せてもらい、団扇を背中に差した。お姉さん達のような帯が締めたくて、ぐずっていたら母が博多献上の赤い細帯を締めてくれた。心をうきうきさせ、祖母の手にぶら下がるようにして、兄や家の者達と出かけた。浜町公園のグランドに張り巡らされた小型の提灯が沢山光っていた。中央に立った櫓の上に三味線、太鼓、笛、鉦などで囃す人、唄う人など数人が乗っていた。『祝い囃して賑やかに。浜町踊りは～』張りのある澄んだ声の人の唄い始めが、遠くまで気持ちよく響きわたる。『ヨイヤサ～！』全員のかけ声の後に囃子、唄が入る。踊りの人の輪の中に祖母に入れてもらい、私も踊った。年上の人達は上手い。

祖母の姿ともらった風船が祖母の手の中で上がっているのを目で追いながら、踊るのがとても楽しかった。浜町の風情、隅田川の夕涼み等を唄い込み、長唄の元禄花見踊りに似た曲風は何とも粋で華やか。明治座をはねた役者衆や、お座敷帰りの芸者やお酌も踊りの輪に加わり、浜町の宵が賑った。踊り疲れて皆が夢路に入り、寮の中が静かになった頃、すっぽりと寺の周りは闇に包まれた。村の夜は本当に暗い。遠くの山もまわりの木々も黒いかたまりになる。子供たちと一緒に疎開してきた浜町音頭も皆、寝息の中に消えた。…』

平和の時にはわからない、掛替えのない浜町の「宝物」を教え伝えてくれている。「浜町小学校百年史」の中で、もうお一人方、三十四回生山口美登里氏は、

『…空を彩る大川の花火と浜町音頭はわが町の夏の風物詩です。浜町音頭がはじまると、中森さんと浴衣を着て早々と公園のグランドへ出かけ、頭の中を空にして踊りました。後ろに弟の登が居ると鬱陶しくて、すっと逃げて場所を変えて踊っていると、必ず後ろに来ていました。どうやって見つけたのか…。三月の空襲に大勢の方々、冨田先生、土岐先生、父母共々犠牲になってしまった弟に、今は聞くすべもありません…。』

戦火で犠牲となった肉親縁者を「浜町音頭」に重ね偲んでこのように寄稿している。

唄の文句に合わせて、振りがつくられ、一番から十番まで全部振りが違うから、他の盆踊りのように、飛び入りでは踊れないが、当時は、芸者衆や踊りの素養がある女将さん、その娘衆が主流だったからさして問題もなく、当然お座敷でも、芸者衆が踊り、旦那衆が唄った。

自前の花飾りで髪を飾るお嬢様や小奇麗な男の子の踊り、三味線は近所の女将さん達が担当する。お座敷帰りの芸者さんも来る。蛎殻町辺りからもファンが増えて、自然に選り抜きメンバーがいつも揃い、その内「浜町音頭」が始まると、一般の人は踊れないからと帰ってしまう。踊れるものは得意がって踊るから、いよいよメンバーは限定されタレント化していった、と記録にある。やはり十番まで通しで、見せる（魅せる）踊りだった。（…芳町芸者で一度でも見たかった！）

第十一章　盆踊りブームへ

1. 丸ノ内音頭

この当時、世の中全体が震災で萎んでいた時代で、この「浜町音頭」が有名になるにつれて、各町会でも踊りをやろうとする機運が起こってきた。一九三二年（昭和七年）「丸の内音頭」は、西條八十作詞、中山晋平作曲で制作され、日比谷公園での盆踊り大会で披露された。

ハ～踊り踊るなら　丸くなって踊れ
踊りゃ心も（ソイ）
踊りゃ心も　丸の内（サテ）
ヤットナ　ソレ　ヨイヨイヨイ

ハ～大手うれしく　顔　三宅坂
ほんにお前は（ソイ）
ほんにお前は　数寄屋橋

ハ～東京名物　チョイト日比谷の踊り
月も笑顔の（ソイ）
月も笑顔の　心字池

そう、東京音頭の原型である。作家の永井荷風によると、この歌は日比谷の百貨店の広告であり、その百貨店で浴衣を購入しなければ参加できなかったと、新聞に批評している。丸の内音頭では、丸の内、三宅坂、数寄屋橋の地名だけだったから、一年後に浅草や武蔵野など東京一円の地名に広げてご当地ソングとして改題改詞され、現在の「東京音頭」になった。

これをやはり芳町の芸妓「小唄勝太郎」と「三島一声」の唄でレコード化され、たちまち爆発的に流行した。発売当時だけで一二〇万枚の大ヒットだという。その後歌手を変え、時代を超えてこの曲は、推定二千万枚以上も売り上げ、盆踊りの定番曲として全国的に親しまれている。それまでの音楽業界では、「○○小唄」一辺倒だったのが、この唄以降は「○○音頭」の全盛を迎えている。

2.「都をどり」と「伊勢音頭」

わが「浜町音頭」の出だしが、京都の「都をどり」とよく似ていると言われる。これについても大事なことなので、筆者なりの解釈で「源流？」に触れておきたい。

明治維新による東京への遷都は、京都の人々にとって衰退への危機感そのものであり、明治四年京都府が設置されると、為政者は京都再建に奔走した。京の伝統を保持すると同時に、新時代に対応した近代都市を建設しようと、京都博覧会の開催を計画。そこへ祇園の芸妓、舞子のお茶と歌舞、を付け加えることを考えた。

祇園一力(現在)亭主「杉浦治郎右衛門」は、祇園新地舞踊師匠の「片山春子(三世井上八千代)」に相談した。片山は伊勢古市の「亀の子踊り」等を参考に、終始幕を閉めることなく背景を変えることで場面転換を進めるという、近代的で独創的な「都踊り」を完成し、明治五年に披露。それが京都を代表する人気演目「都をどり」として今日に至っている。

伊勢古市とは、江戸の吉原、京都の島原、大阪の新町、長崎の丸山と並んで五大遊郭の一つに数えられ、最盛期には妓楼七十軒、遊女千人、芝居小屋に浄瑠璃小屋と大賑わいで、「伊勢参り、大神宮にもちょっと寄り」の川柳があるほど活気にあふれていた。

古市遊郭の中でも特に備前屋など大手は、大広間で客をもてなすために「亀の子踊り」（伊勢音頭の総踊り）を、大勢の遊女を並べて唄い踊らせ有名であった。当時の伊勢音頭は、地元の歌舞に念仏踊りを混ぜたようなもので、「荷物にならない伊勢土産」として、お伊勢参り客によって全国に伝えられ、今も「伊勢音頭」の名で各地に残っている。その「伊勢音頭」を参考にしたと言われている京都の「都をどり」は、一八七二年（明治五年）に始まって、今日まで隆盛している。

東京新橋でも、これに刺激され一九二五年（大正十四年）に「東をどり」を創始している。昭和四年と半世紀以上も後輩の「浜町音頭」が、同じ花柳界の人気舞踊「都をどり」をイメージとして受け入れても、何の不思議はない。ハイブリットは芸術の王道なのだから。

むしろ京都祇園の素地を受け入れられる浜町の格、実力をこそ評価すべきであろう。それゆえに、「浜町音頭」は、「東京音頭」など後発組に「明るさ、華やかさ、踊り易さ」で、遅れをとったと考えてはならない。最初からコンセプトが違っているのだ。『雪に隠れて梅の花、誰に見しょとて凛と咲く』といったところか。

3. 新民謡ブーム

民衆の歌謡「民謡」は、庶民の集団生活の場で自然に発生し、多くの人々に長く歌いつがれ、素朴な生活感情や地域性等を反映している。広義には明治末から普及した新民謡を含む。田植え唄、馬子唄、舟歌等の労作歌、婚礼・新築・祭礼歌のような祝い唄、酒盛り歌、盆踊り歌、舞踊に付随する踊り歌等がある。民謡音階は五音音階で、洋楽のミソラシレに当たる。

「民謡」という呼び方は、明治時代半ば民俗学など学問的な必要性から英語のforksongの訳語として創出された。日本の民謡は古代から続く歌唱曲の総称で、大部分は歌のみで楽器は加わらない。そして日本語の発声、韻から生まれたもので日本固有の音楽の原点といえる。一九八七年（昭和六十二年）調査で、現存する民謡は追分、馬子唄、舟歌、音頭などおよそ五万八千曲もある。

現『浜町音頭保存会』福田昭三氏の師匠は、「江差追分」をはじめ全国の民謡を手掛けた初代浜田喜一とその実弟二代目浜田喜一に学んだ。共に民謡界の大御所である。その福田氏は、民謡で最も難しいといわれる「江差追分」全国大会で二度、全国民謡コンクールでも文部大臣賞という日本一の栄誉に輝いている実力者だ。民謡一筋のプロ歌手になっていればと惜しまれる。（何が幸せかは分からないが…？）

明治時代後期から大正時代にかけて、北原白秋らによって新たに創作された民謡は、それまでの民謡とは区別して「新民謡」又は「創作民謡」と呼ばれる。また大正時代から昭和初期にかけて、中山晋平、野口雨情、西條八十らによって創作された主に地域の宣伝のための新民謡は、特に「地方小唄」と呼ばれている。これらの創作品は、レコード会社、民俗学、ＮＨＫによる運動の発明品ともいうべき存在で、全国各地の郷土色豊かな旋律を「民謡」の名のもとに再編成・固定化し、全国に流通産業化したもの。

「安来節」「八木節」「追分」などはその枠からはみ出たところで、先ず庶民の流行があって、「正調」「保存会」が後から出てきた。

かって労働や日常で唄われた際は、文句や節回しは人により場所により違っていたのだ。いま日本の民謡で最も古いのは、民謡の宝庫富山県五箇山地方の「こきりこ節」とされている。「浜町音頭」は、昭和四年に完成したが、殆ど同じ時期に現在のコロムビアミュージックエンターテインメント㈱が制作販売している。やはり新民謡ブームという時代背景の中で、レコード会社の政策の下に世に出ていることがわかる。

しかしこの「浜町音頭」という音頭曲が、後発の「船頭小唄」「天竜下れば」「波浮の港」「東京音頭」のようには、産業として貢献しなかったことで、流行り唄と同じレベルで評価してよいのかという、我々の認識が今問われているのである。

「丸の内音頭」と同じ頃制作された二番手グループのご当地音頭、「深川音頭」については、資料が少ないが、踊られてはいるようだ。こちらは江戸城の辰巳の方向（辰と巳の間＝南東）に当たるから、「辰巳音頭」といわれているが、周囲は木材職人の町だから、やはり威勢がいい。

ハア〜　お江戸深川　浮世人情
ワッショイどっこい　掛け声で
神輿を担いで　練り回る
威勢のいい奴　男前
深川音頭で　ソイヤッサ

「浜町音頭」盆踊りは、昭和四年に誕生してから昭和十年前後まで行われていたが、その後戦争が激しくなって中断し、戦後の昭和二十三年七月に再開された。その後、年ごとの浮き沈みはあっても、幾多の関係者により支えられ連綿と続いてきた。この、連続しているということが貴重で、非常に重要だ。

「盆踊り音頭」の魁（さきがけ）として誕生した「浜町音頭」が、一般大衆化という点では後塵を拝してきた。だがこの希少性が、実は値打ち（付加価値）だったのである。比べてはいけないのだ。この気品と優雅さは、東の京都、まさに都心中央区であり、『いき』の日本橋なのだ。洗練された賢明上品な音頭踊りは、一般化しにくい付加価値だからこそ、シンボルとして君臨させることができる。それには「浜町音頭」の特質を、更にさらに磨き上げていくことが必須である。磨くとは、「踊りの質」であり、「魅せる形」、これあってこその「町のシンボル」だ。

「浜町音頭」は、復興の喜びという当初の目的を終えて、次の展望へ向けて「平成のパワーアップ」が期待されている。それには「故きを温ねて新しきを知る」だ。源流を知り、歴史の重みを受け止め、ひたすら磨くこと。

この項の締めくくりに、貴重な新聞記事を紹介しておこう。これは作家で歌人の岡本かの子氏（画家岡本太郎氏のご母堂）が、「浜町音頭」の大会を鑑賞した際の実際の感想文だ。これだけでも、我々に勇気一〇〇倍を与えてくれるのではないだろうか。岡本かの子女史、浜町音頭大会の所見を読売新聞に、（昭和十一年）その一節……

『手先揃えて足拍子かろく　ヤットナー
浜町をどりは一踊り　ヨイヨイヨ―ィヤサ―

踊っているのは尋常一年生ぐらいの女の子を先頭に揃いの浴衣は段々にゆき丈を増して、列の終りは肩揚げあって目に邪魔、除れば寂しいという年頃の娘形にまで成長している。出場の樂手から踊りのコーチャーまで、全部界隈の素人衆で、洗濯屋のお主婦さんが三味線を執れば、八百屋の親方が太鼓を受持ちというわけ、真に市民の娯楽である。

歌詞は前記の如く格別に変ってはいないが、長唄の地、踊りにも伝統の流れを汲み、団扇と袖を巧みにひるがえして、優雅なリズムの踊りを踊っている。何処までも東洋流の雅俗調和されたリズムが好もしい。洗練された賢明上品な音頭踊りとして、私は惚々と見聞した。（原文のまま）』

第十二章　浜町音頭保存会

浜町音頭は、毎夏浜町公園に於いて多数の参加を得て人気を博し、東都随一の音頭会となっていたが、一九四一年（昭和十六年）に大戦のため中断のやむなきに至った。

終戦を経て、町は廃墟となり人心は極度に不安と荒廃の中、一九四八年（昭和二十三年）七月明治座前小公園で、当時日本橋五の部十三か町連合会の会長であった河野清行氏により、地元復興繁栄と人心の安定融和のためにと、「浜町音頭復活第一回大会」が、芳町芸妓連も加わり盛大に開催された。

翌一九四九年（昭和二十四年）には一般大衆向けの踊りとして、石山静雄作詞、佐々木章作曲、坂東三津五郎振付により『新浜町音頭』が誕生し、同時にレコード化された。演奏はオーケストラで、唄は芳町芸妓連と佐々木章であった。昭和二十五年から三十年代初めにかけては、この「新浜町音頭」を添えて、浜町音頭の最盛期を迎える。明治座前小公園を取巻く大きな踊りの輪と、年々派手さを増す夜間照明が三日間も続き、地域の重要なイベントとなっていった。

一九五〇年（昭和二十五年）、柴田峯蔵氏の努力により『浜町音頭保存会』が結成され、お囃子、三味線、地方、踊りの部の会員により内容と規模を充実させていく。昭和三十五年十月、「復活十五周年」を記念し、初代保存会々長廉英雄氏の発案と努力により、由緒ある「浜町音頭」の正当正調を永久に保存する必要のため、新たに当の作曲者杵屋栄蔵師に委嘱して、コロムビアレコードにて吹き込みを行い、併せて若柳春王師の努力により踊りの振付図解書を作成した。

以来毎年七月、「浜町音頭大会」を保存会が主催し、中央区、中央区観光協会、日本橋五の部連合町会、四の部連合町会、三の部連合町会の後援のもとに、浜町商店街連合会その他の協賛を得て、中央区の観光事業の一環として開催されている。

二代目保存会々長青木太郎氏や奥様の好江先生の踊りの指導を得て、着実に伝統の継承が行われてきた。しかし時代の潮流として娯楽やメディアが多様化する中で、町民の興味や関心も相対的には低下し、盆踊りの場所も明治座前から清正公前広場へと移り、規模も縮小されてきた。

中央区主催の「大江戸盆踊り大会」へは、宮地幸一三代目会長の時から毎年参加出演するようにな

福田昭三会長

り、平成十三年に現福田昭三会長となった。

当初会員数は七十名程だったが、近年では町外よりの老若男女や外国人等の参加もあり、会員数も漸増して三桁を突破し、毎夏の浜町公園を賑わす欠かせぬ名物となっている。現在では大江戸祭りの参加にとどまらず、各種の慰問や協賛行事、ボランティア活動と多岐にわたり依頼も増え、積極的に参加し、その存在感を高めている。しかし実体は、「浜町音頭」自体の発展というより、「浜町踊りの会」としての精力的な活動だということである。今後は其々の発展と展開を考えていくべきかと思う。

当時の盆踊りの様子

第十三章　浜町盆踊りの「今」と「これから」

毎週金曜日の午後七時、『浜町音頭保存会』のメンバーが浜町公園の会場に集合して、福田会長の生歌を交え、熱心にしかし和気藹藹と練習をしている。この練習は、勿論一年中続いていくようだ。理想を言えば踊りを愉しむ活動、仮に「浜町踊りの会」としよう。

「浜町踊りの会」と「浜町音頭」の保存会活動は、別個のものとして運営されなければならないと思っている。動機も目的も全く別のものだからだ。この組織に活動記録や資料が殆ど皆無なのは、そこに因があると思う。実体は「保存会」ではなく「浜町踊りの会」なのだ。勿論この二つの活動は、不可分だ。「浜町踊りの会」が大きな円とすれば、「浜町音頭」はそのコア（核）である。コア（核）は、大きな円と同等同質ではあり得ない。

1. 浜町踊りの会（仮称）

踊りを愉しむ「浜町踊りの会」活動について言えば、従来通り老若男女気軽に楽しく輪になって、流行歌であれサンバのリズムであれ、思いっきり汗をかいて楽しんで頂きたいと願っている。現代日本は、豊かさと便利さが当たり前の日常で、自分から何かに向かって主体的に行動して、無我の境地で満足感や成長の喜びを得る機会は、本当に貴重で得難い。

スポーツをする、山に登る、自然に触れる、何かをめざして勉強をする、あるいは燃えるような恋をするでもいい。自発的に主体的に挑戦して、自分のモノにできた自信、満足（納得）感は、今までに味わったことのない未知の体験の喜びであり、その人間の成長に他ならないと思う。自発的に参加するゆえに、「心の内に湧いてくる喜び」は、何ものにも代えがたいのだ。

誰かに決められたスケジュールをこなすとか、何かのシステムに頼るとか、介護ロボットの指図のままに生きるとか、SF小説もどきの時代が日常的にもう始まっているからこそ、人間の本能に訴えかけてくるのだと思う。擬似体験や他人の情報に安易に頼ってしまうのは、現代日本人の一番の弱点だ。前出の戦争体験者の手記にもあったが、少年少女時代の心に宿した良質の思い出は、生涯の生きる心の糧となり、人格形成にも大きな影響を与えてくれている。

筆者の素人意見で実に恐縮だが、何処の国の踊りでも上級者の「踊り」は美しい。踊りの喜びは、自然と調和して心の奥底から湧き出る感情の表出であろうから、踊り手にとっては際限のない創造性が求められるのだと思う。その心はいつか形となり型となる。ゆえに極めるほどに上手な踊りには、ムリ・ムダ・ムラがなく、日舞で言えば、かって確かに存在していたと錯覚するほど日本女性の理想的な立ち居振る舞いが、見る者の本能を刺激し、踊り手の美しさに釘付けになってしまう。（老若を超えてデス！）

これから始めようとする方にはぜひ、一寸した歩き方、美しい仕草や所作・振りを身につけるだけで、そこには無我夢中の境地で過せる時間、これまでに味わったことのない満足感、生きている実感を手にできると申上げたい。

熟年者には、老いて尚さらに美しい「表現技法」が身につくと確信している。何故なら、「礼儀が大切だ」と百編言われても礼儀は身に付かないが、「お早うございます！」の訓練を「型」から覚えさせられれば、身に付くのが我々人間だからだ。これはどんなスポーツでも、ある水準までやったことのある人なら分かること。「水に入らねば水泳は出来ない」、その程度の決心で「踊り」は始めることが出来るし、何よりも踊りは音楽に乗って心地よい。日頃のストレスなど吹っ飛んでしまうだろう。

浜町は、盆踊りと共に復興した「盆踊りの街」なのだから、どなたでも気軽に輪の中に飛び込んできて下さいと大声で申上げたい。そして、集団で踊る（学ぶ）とは、幸せと生きがいを分かち合う喜びである。一人で挑戦する何倍もの充実感が、あなたの人生を彩ることを請け負うと申上げたい。

2. 魅せる「浜町音頭」

一方で、「浜町音頭」は元来見せるための踊りとしての成り立ちから、別の扱い考え方があるべきだと思う。「浜町音頭」は、見せる時、場所、見せ方を考えながら、どこかで世間に問う形が必要だ。「見せる」には、魅せる演出・手立てがなければならない。（現状は、申し上げにくいが先達が「ここまで放置していたのか」と嘆くかも…？）

「覚えた、踊れる！」と「魅せるレベルの踊り」を分けるのは、今では「浜町音頭」の生き残れるかの生命線だ。そのために例えばライセンス制度などは必須であろう。「免許・仮免許」でもよいし、「指導員、免許者、一般」の三段階制や、柔道のような「黒帯・白帯」のクラス分けでもよい。審査検定には当然ながら権威と公平が担保されるべきだが、審査には幾ばくかの費用が発生し、その検定制度は今後の会の運営にも補填となる筈だ。

「浜町音頭」の日常の踊りの会はともかく、公的行事は、あらかじめ資格で選ばれた人しか出場できないという、縛りをかけるべき。それが反って挑戦者に、大きな励みとなる筈だ。（八十歳の挑戦者が一杯いる街、それがスバラシイ！）

夢を語れば年に一度の恒例行事として、「明治座」で『浜町音頭総見会（仮称）』等ぜひ実現して頂きたいと期待している。価値ある「浜町音頭」が、正当な師匠や指導者の下でその品質を絶えず練磨しつつ、存在しているのを会員皆がお互いに確認しながら、伝統の質を維持していくことの大切さ。「浜町」が吸ってきた歴史の空気感は、常に一流というステータスで彩られてきたのだから。会員を三百人以上にして、明治座前の路上を踊り手でぐるりと囲み、東洋流雅俗調和の大円陣をいつか誰もが夢見たい筈だ。（筆者も見たい！）

しかし今は我慢のとき。今は何が何でも質を目指さねばならないのだ。その意味で、当面三〜五名程度でよいのではと考える。郷土のシンボルを踊れる名人が三人もいる町、今はそれで十分…。（大切なのは後に続こうという熱気だ！）

年に一度資格試験があって、それに向けての練磨が生きがいという会員さんがいて、見事に突破した免許取得者の誕生、晴れの舞台への出場権の獲得、周囲の尊敬と祝福、…その位の権威と重みこそが、郷土のシンボルであり踊りの浜町だ。昨年、島根県の民謡「安来節」でどじょう掬いの名人位が一人、誕生したという。三級から始まり初段から二段三段そして師範へと進み全部で十段を上っての「名人位」獲得である。その名人が三十年ぶりに誕生したとマスコミで話題になっている。厳しければ厳しいほど、誕生すればその芸を見るために、世界中の観光客が押し寄せるのが今のネット社会だ。くり返すが、浜町のシンボルとは、日本橋のシンボルそして東京を代表するシンボルなのだ。皆で「東京音頭」を踊る楽しさとは違う、静かに「名月を愛でる」歓びなのだ。目指す山頂は、『盆踊りの町・日本橋浜町』という世評であり、格式である。

3．次代に向けて

児童・少年少女の取り込みについては、これからは本当に厳しい時代が待っている。若手の参加者をどう取り込んでいけるかは、どこでも存亡の課題である。覚悟の上で、真剣に戦略的に取り組まなければならない。

ライバルは、今流行りのポケモンゲームやヴァーチャルリアリティなどITの分野だけでなく、サーフィンやスケボー、野球、サッカー等のスポーツ分野、趣味芸術の世界など、彼らの周りには「後継者ヤ〜イ」と、勧誘の手が少子化児童に襲いかかっていく。手を拱いていてはだめだ。

結論から言おう。子供達はいつでも、目新しくてカッコいい分野に鵜の目鷹の目なのだ。否、大人達より本物を求める本能は研ぎ澄まされていて、「求め、見極め、身につけていく」というのが現代の子供というべきだ。（大人が真剣に挑み苦闘する姿に子ども達は触発される。）要は、「日舞の世界」に目を向けさせ誘引するだけの「インパクトドラマ（脚本）」が大事で、当然背景に母親の共感が必要条件である。それには段階が必要だ。「和服」の世界への誘いには、まず手軽でカッコいい「浴衣・和服の習慣」を持たせるといった、その順序立ての知恵である。そして第一の矢から第二第三と射続けるのだ。

京都祇園の「お化けの日」のような、「子どもの仮装盆踊り大会」などもぜひ検討したい催しだ。（ハロウィンスタイルではなく、和装の仮装舞踏会だ！）

今後はあらゆる団体が、「後継者づくり」と「活動資金」でその存亡が問われてくると、覚悟しなければならない。行政の補助金を当てにするなど、今後はないと心得て、知恵工夫で資金確保までやっていくこと。自主自立はあらゆる趣味文化の会の、運営上の基本であろう。『浜町音頭保存会』会員の面々はさすがに伝統の中央区日本橋の都心派。お世辞抜きで「粋人？」揃いであり、啓発啓蒙次第でいろんな可能性ありとお見受けしている。だからこそ今、衆議（みんな）の知恵が求められるのだ。

4．組織の大敵

少子高齢社会にかぶさるように二〇五〇年問題など、歴史的な転換期の「人口減社会」の到来である。時代は急速に変わっている。（四〜五年後からは、劇的に急変する？）五輪を迎える中央区は地元としての責任も大きい。だからこそ、組織の硬直化は、老齢化した現代社会の大敵だ。若手の登用は緊急必須の課題である。

一概に年齢で決めつけられないが、少なくとも40代の若手幹部を育て、大幹部に加えながら一刻も早く将来を託していくべきだ。対策が遅れれば、その分さらに厳しさは増していく。そのためにも民主的で開かれた運営に徹することで、有能な幹部が育ち、新人たちも参加してくる。

断じて一握りの幹部が、組織を私物化してはならないと思う。自分の存在が組織を硬直化させていないか、民主的で開かれた運営を邪魔していないか。自分は一生懸命にやっている。自分が一番精通しているのだから、と思うことがもう思い上りなのだ。自分は長い歴史の伝統の組織の、ほんの一瞬を担当しているだけという謙虚さがあれば、「お世話をさせて頂いている」という喜びと感謝、そして次へのバトンタッチ（リレー競技）の思考に変わるはずだ。長期政権は、確実に衰退を呼ぶのは世の常。

組織発展には「三モノ」という言葉がある。「ヨソ者」「ワカ者」「バカ者」。いつの時代にも、新しい風を吹かす組織成長の原動力は、新人であり、他所者であり、異端者であった、という過去の事例教訓を忘れてはならないと思う。

5. 郷土愛のシンボル

「浜町音頭」は、改めて「郷土愛のシンボル」として位置付けられなければならない。郷土愛とは、家族を愛するように、郷土の歴史や先達のご苦労を思い、感謝することから始まる。そして郷土史を忘れたら、もはや郷土人ではなくなる。「浜町音頭」は、郷土で育み育まれ、続き続かせていくところが値打ちなのだから。

「浜町音頭」は、有難くて抱きしめたい程の「郷土愛のシンボル」である。さらに歴史が古い、そのことが大切なのではない。歴史的に育まれてきたという「歴史観」が大切なのだ。我が子の誕生日を祝う親は何処にもいる。しかし誕生日を「親や先祖に感謝する日」として位置づければ、親子で歴史観を共有する意味のある記念日となる。親子家族が未来志向で一体となれる貴重な時間となるのだ。（今は、幼児期から植え付ける砂糖漬けの記念日？）親ならばわが子を甘えの助長ではなく、主体性のある人物に育てたいもの。

クリスマス、ハロウィン、バレンタインと浮かれても、そこに何も得るものはない。子ども自身が、受け売りではなく季節の行事や家族や先祖の記念日を愛でる、そんな主体性を志向して欲しいからと、これは筆者の勝手な愚痴だ。各町会は、郷土の晴れがましい歴史観を、折に触れ新住民や若者に教宣し、わが町への誇りと愛着心を胸を張って語って欲しい。

さて、中央区は、太陽と月の二つの「郷土愛のシンボル」（①東京音頭、②浜町音頭）で、二〇二〇年に世界の祭典を迎えるのだ。（特にパラリンピックが大切！）来国する外国の観光客たちが、例え幾人でも「東京音頭」を口ずさみ、雅びな「浜町音頭」の舞姿を頭に刻んで、東京の荷物にならないお土産として空港を後にする、そんな夢を思い描いている。自身も含めて、もう時間の余裕はない。いつ誰がどのように動き出すのか？踊りはスローテンポでも、改善対策は「テンポアップ！」でと、切に願っている。

第十四章「浜町音頭」で街づくり

1．中央区のソフトレガシー

ここで筆者なりの総括をしておきたい。大河の流れも、始まりは最初の一滴からという。本著でも、「今」を上流から逆発想で考えてきた。

「浜町音頭」という目の前の水の流れは、遠く江戸期の浜町という地理歴史があり、吉原という特殊な文化や芝居の町と言う特別の色艶、非常に柔軟で濃密な『いき』文化、災害を乗り越えた風光明媚な土地と人々、時代の権力者の庇護、そして明治座という豊かな文化圏、浜町公園という地の利、浜町という愛すべき郷土にかけた人々の思い…。「浜町音頭」は、これらすべての要素が集積して成り立った奇跡の結晶体なのだ。こんなドラマチックで美的な街は、滅多には存在しない。そこにどれだけの思いを込めて凝視し、そして磨き上げていくのか、それはこれからの住民の意識次第だ。住民が抱く浜町という土地柄イメージが、見えやすく分かりやすいほど、それは自治体や行政当局にも認められやすく評価となり、住民のメリットとなって返ってくる筈だ。その分かりやすさのシンボルとして『浜町音頭』が、日本橋の空にはためいている。

余談だが、中央区も日本橋も浅草雷門とかスカイツリーといった、ランドマーク候補がもう一つ弱い。逆に考えれば、多すぎて見え難いのかもしれない。何でもありの大都会の贅沢さか。しかし建築物と違って、文化資産は別だ。『浜町音頭』は、瓦礫の町から「踊りの町」、「盆踊りの町」へと先人達が築き上げ育ててきた飛び切りの文化遺産であり、この文化は一朝一夕に出来はしない。中央区としては、日本橋地区を観光PR出来る旗印は大歓迎であろうが、決め手となるのは『浜町音頭』への地元住民の思い入れと、団結力とその勢い・パワーであろう。

「踊りの町、浜町」には浜町公園と明治座があるが、『浜町音頭』とこの三者は艱難の果てに瓦礫から生まれた、掛け替えのない中央区のレガシーである。長く住んでいる住民の落とし穴は、地元にいていつでも見慣れている事やものには感じなくなり、当たり前と思う一種の感覚麻痺現象だ。

だからどうしてもパワー不足となる。その浜町を生粋の地元だと胸を張れる人も最早少数派であり、好むと好まざるとに拘らずこの町も高層化したマンションに、多数の新町民が流入してくる。そこに期待しなければ、「これから劇場」では何も演じられなくなるのだ。

考えることは幾つもある。マンション毎に計画的に会員を増やしていく対策や、マンションを一つの町として入居者の研究等、会員の裾野を増やし名簿化する迄が各町会ごとの競争だ。（これは防災治安対策用としても有効…！）町は常に動き変化している。変えてはいけないこの町の宝ものを、これからの新町民と一緒に楽しみながら守っていくという、「これから意識」が活動の基本である。

新住民が入って来るという幸せ。歴史と伝統の情緒性、安心安全の街、大人の品格に溢れた町。「この素敵な街へようこそ！」と心と言葉を添えて、今やるべきことは、新町民を「①迎え入れる」、「②浜町化する」、この二つの儀式だ。新入生の晴れやかな高揚感に応える学校の入学式ように、新住民に対する区や町の受け入れ施策は、今十分とは思えない。（区と町の連係プレーで、踊りの会への勧誘策はできないものだろうか？）南の国からヤシの実が流れ着くように、日本という国自体が過去幾多の文化文明を受け入れ、見事なまでに日本化してきた。先輩町民は、新町民を積極的に受け入れ、彼らの知恵・経験をこの町の文化と同化させなければ、それこそ「MOTTAINAI…」のだと思う。

東京都中央区二十七年度計画に、「十年後に向けた五つの街づくり計画」がある。「①災害に強い都心づくり」「②地球にやさしい水と緑」「④子育てと教育」「⑤健康と高齢者の生きがい」

等どれも当面のオリンピック・パラリンピックを超えて重要対策である。そしてその中心の柱が「③歴史と先進性を生かした賑いのあるまちづくり」であり、全体予算の46％を占める中心の思想的コア（核）である、と筆者は解釈している。私達はいま絶好のチャンスで、打席に立っているようだ。

中央区に、太陽と月の二つの「音頭踊り」。これ以上のお宝はどこにもない。

今こそ浜町が率先して、「浜町音頭」で、賑いをリードしていく。大震災直後の、区画整理事業の、あの時の浜町のように…！そう、題して『浜町音頭で、街づくり』なのだ。

2. 伝統の「浜町音頭」先祖帰りの予感

中央区庁舎の一階天井から、見下ろすように中央区の名誉区民の方々の写真額が飾られている。筆者の育った銀座資生堂からも岡内英夫氏、福原義春氏とかって名伯楽の両トップが飾られている。特に創業者の孫、資生堂中興のオーナー経営者、福原氏には直接ご指導を頂いた故に、拝するたびに今更に身の引き締まる思いがして、ひとり苦笑いしている。

その名誉区民の一画にこのたび新しく、人間国宝で邦楽界の重鎮、杵屋淨貝（本名宮沢雅之）先生が加わった。『浜町音頭保存会』に所属している佐藤敦子氏（中央区議会議員）のご縁で、今後「浜町音頭」の音楽指導をお願いする矢先のことで、会員メンバーは大喜びだ。もともと三代目杵屋栄蔵師の作曲「浜町音頭」が、時代を超えて同じ杵屋の淨貝先生（孫弟子）にご指導を頂けるというのも、何か不思議過ぎて天の配剤としか思えない。

さらに、仲介を頂いた佐藤敦子氏自身は、なんと本名藤間敦子、「浜町音頭」の振付を創作された三代目藤間勘衛門の後裔、藤間流の宗家のお嬢様で、藤間君代三さんだ。先祖がえりは一時大企業の経営者交代劇で話題になったが、まさに「浜町音頭」の中興の時節来たるの感が拭えない。さあ、役者は揃った。東京オリンピック、パラリンピックを直近に控えて時間はない。東京の中央区が育んだ日本橋伝統の踊りに磨きをかけて、「いざ進め！」である。

第十五章　浜町そぞろ歩き

1．明治座のこと

「浜町音頭」とは切っても切れない関係、浜町のランドマーク「明治座」について、敬意を込めて触れておかねばならない。特に明治座の誕生期から大震災迄の歴史を追ってみる。

明治座の前身は「喜昇座」といい、幕末頃は両国での菰張りの小屋で、雨天は興行が出来ない俗にいう青天井であった。

明治六年久松町河岸三十七番地に移り、午前六時か七時に始まり午後六時頃に打出す、お手軽専一の芝居を打っていた。しかし急ごしらえの安普請であったため、座元を変えて当時の一万三千円もの費用をかけて大劇場へ改造し、小屋名も「久松座」と改めた。そこへ最初の凶事が襲う。その翌年の大火で類焼して廃座となったのだ。

その後座元が見つからず苦労していたが、兜町の成金金主を得て久松町の焼け跡に、名も「千歳座」と変え、座紋も新しく替えて建築申請し許可を得た。それは間口十八間、奥行き二十五間五尺、地坪六百二十坪余という大劇場だった。十七軒の茶屋も揃って、明治十八年一月四日から十日まで開場式を行う。

「千歳座」は当時の劇場建築としては最も立派に完備した、東京一の大劇場であった。守田勘弥が座主となり、團菊座をはじめとする有力な俳優が出演し、二月八日初日で盛大な興行を行った。明治二十年八月、アーク灯を外回り四か所、土間天井に二か所左右運動場や舞台に大小四十四か所に装置したが、日本の劇場で電灯を用いたのはこれが最初である。その後、左團

現在の明治座

次の義侠的出演等で興行を続けていたが、経営は決して楽ではなかった。明治二十三年五月六日午前三時頃出火。二度目の凶事である。

さしもの大劇場もみるみる焼け落ち、千歳座はここで永久に姿を消すことになる。

明治二十六年、新たに市川左團次が引き受けて座名も明治座とし、櫓紋を一重桜とし上看板をかけた。屋根は全部スレートを用いたのが自慢で、場内は櫓造りで土間は白木の合天井、舞台と客席の広さが二つ割りで、舞台は二重回しを用い、運動場は東西にあって、西の方には防火用にと貯水のための大きな池が出来ていた。

定員千二百余人、その後増減もあり震災前には千三百八十席あった。付属の茶屋は十一軒、贔屓の客からの役者幟が浜町河岸の川面に美しく映えた。

しかし興行は水ものという通り営業は困難を極め、明治三十六年川上音二郎一座がシェークスピアの『オセロ』上演の時は、いつもの倍額以上の値段にもかかわらず連日超満員。だが不入りのため六カ月も興行を休んだ年もあった。

明治三十七年には仕切り場を椅子テーブルの洋風に変え、すべて切符制度に改め、椅子席に番号を記し、前売り制度を設けるなど、わが国では初めてといわれる種々の改革を試みた。明治三十七年左團次が没したので、息子（二代目左團次）が代わって明治座を維持していくことになる。

古い因襲の劇団に新風を吹き込み、演劇改革を志し、当時同じ改革を志向していた劇作家岡本綺堂と提携し、次々と新しい戯曲を上演し満都の喝采を博していく。

明治座は左團次と共に発展したが、明治四十五年左團次が松竹に去ったので、その後を井伊容峰が引き受け、大正六年一月まで興行に奮闘したが、諸々の理由でその後経営は、松竹の大谷竹次郎に委ねることとなった。

大正八年に、井伊は完全に手を引き、明治座は松竹のものとなる。そして大正十二年九月の大震災で、明治座はまたもや焼失したのであった。五年後に再建されるが、東京大空襲では多くの犠牲者と共にまたしても焼失する。

戦後も「明治座」は、銀座の「歌舞伎座」「新橋演舞場」お堀端「帝劇」等と共に、東京を代表する劇場として親しまれてきた。
一九五〇年（昭和二十五年）、株式会社「明治座」設立そして再建、新田新作経営の時代へ。
一九五七年（昭和三十二年）、出火騒ぎで千五百坪焼失、
一九五八年（昭和三十三年）二月再建、この時より久松町にある笠間稲荷を祀っての慰霊祭を行うこと、劇場前にある明治観音に毎年三月十日清正公寺の住職に来てもらって慰霊を行う

こと、を恒例化した。

一九九〇年（平成二年）、老朽化で旧劇場を閉じる。

一九九三年（平成五年）、現在の十八階建てのインテリジェントビル浜町センタービル内に、創建から七代目「新明治座」として開場。敷地面積四、六三〇余平方メートル、建築面積三、〇九五平方メートル、地上十八階、地下二階。塔屋二階。一階より五階までを劇場使用、花道付。主階席八十三席二階席三百九十席、三階席百四十二席、計千三百六十六席。劇場正面に、江戸時代の芝居小屋の正面を飾った「櫓」を現代風にアレンジし、場内のインテリアは朱色と金を基調とした安土桃山調に統一されている。三月二日、中村歌右衛門外による大歌舞伎の柿葺落公演で、美々しく幕を開けた。

2. 明治観音堂

明治座の入り口近くの緑地に小さな慰霊のお堂がある。「明治観音堂」だ。

立札に曰く

『本堂は昭和二十年三月十日の戦火により死没せる幾多の霊の冥福を祈る為建立す。昭和二十五年新田新作』とある。

明治座社長新田新作氏は、戦後毎年近隣の関係者と共に霊を祀り、慰霊祭を執り行ってきたという。一部の方々には未だ生々しい、思い起こすことさえ戦慄の惨禍惨状を、あえて私達は後進に語り継がなければならないと思う。中央区史から、東京大空襲の関連の箇所を読み拾ってみる。

『…日本橋地区で激しい被害を受けたのは馬喰町、両国、久松町、浜町、中洲などの隅田川に近い東部地区であった。この地区の人達は明治座、久松国民学校、有馬国民学校、小伝馬町

明治観音堂

の焼け跡へ逃げることにしていた。

久松国民学校は地下にコンクリート造りの防空壕があり学校付近の人々の間では最も安全とされていた。しかし久松警察署では久松国民学校危しとみて、明治座方面に逃げるよう指導した。その時久松国民学校と久松公園に逃げた人たちは結果的にはほぼ全滅に近かった。

明治座は関東大震災で焼失したので昭和三年に耐震、耐火地上四階の鉄筋コンクリートの建物に建て替え千五百名の収容力があった。だから久松町、浪花町に火災が起こると人々はみな明治座に殺到した。明治座の中に逃げ込んだ人達は類焼を恐れて、中から鉄の扉を固く閉じてしまった。劇場のガラス越に見た場外の光景は地獄だった。舞狂う炎、火を吹く路上の荷物、走って逃げる人が髪が燃えたと思うと、パッと全身が火達磨になった。浜町が火の海であった時に、明治座の中の千何百人かの人達は束の間ではあったが炎と火の粉からは安全であった。

超満員の明治座の中に煙がじわじわ入ってくる。そのうち『楽屋口に火がついたぞ』という声が上がった。人々は楽屋の火を消すために地下室に降り、水を汲んで消火に当たった。しかし火勢は拡がる一方で、何人かの人々は地下室で窒息して動かなくなった。元気のある人々は窓を開けて外へ飛び出した。そして明治座は全焼した。

夜が明けると明治座の切符売り場の横には、折り重なって黒焦げの死体が散乱していた。明治座の焼死者は戦後約千五百人いや三千人はいるという噂が流れた。区役所で集計した日本橋地区の死者は二千名といわれ、その八十パーセンは明治座であるという区役所員もいた。明治座の惨劇が起こった大きな原因は、近くの広大な浜町公園が陸軍の高射砲陣地となり、ここへ逃げ込むことが出来なかったからである。事実、明治座から飛び出して火の下を潜って浜町公園へたどり着いて、助かった人が多い。そこには兵隊が駐屯していて『入ってはいけない』と怒鳴っていた。その声が人々を明治座に向かわせる原因ともなったのである。

続いて「浜町小学校百年史」から、三十二期生長根佐和子氏の寄稿文を重ねる。

『…美しいガス灯が浜町公園の芝生を照らし、皆で喜んだものでした。隅田川にボートが長閑に浮かび、夕暮れにはボンボリに明るい灯がともり姉妹で乗った事も思い出されます。義兄の出征のため福島の疎開先から東京にもどり、あの大空襲に遭い、浜町公園内に父母の誘導に守られ、九死に一生を得ました。焦土の中で、明治座の窓全体から真っ赤な炎が燃えあがっていた恐ろしい光景は忘れることは出来ません。

父母、中の姉と背中の赤ちゃん、私の五人が助かったのは、公園内の高射砲陣地で任務についていた兵隊さん達が一晩中火の海の中で、身を挺して放水を火薬庫と防空壕にして下さったおかげでございました。焼土の地上に立った時、その人たちの姿はなく、お礼を申し上げぬままになりました。心残りに存じております。…』

もう一人、現在浜町音頭保存会、公認教授の花柳流青木美江三郎さんの奇跡の体験談を紹介しておかねばならない。

『父に手をひかれて新大橋の家から、公園の浜町音頭を見に行ったのを、幼心に覚えています。その頃の浜町公園は、大きな原っぱでした。私が十三歳の時に母が他界して、十四歳の二月に父も亡くなり、私と幼い弟妹の三人は、甘酒横丁でお店をやっていた叔父叔母の所で暮らしていました。三月十日の大空襲では、公園近くの大きな防空壕に近所の人達と一緒に避難し一旦戻りましたが、二回目の空爆でもすぐに戻れると思って、隣のおばあちゃんお手伝いさんと弟妹で家を出たが、役員の人が「この防空壕はもうじき天井が落ちるから他所へ行きなさい！」と言われた。外は凄い突風が吹き荒れていて、暗くて火も迫ってきて、大人達にもついて行けず、仕方なく浜町河岸の方へ逃げました。

突風にあおられてドラムカンや物が飛んできて、ドテラを着て逃げていた人が、ボウボウ燃えだして、脱ごうとしても張り付いて脱げずに焼け死んでいく。

あちこち逃げ回る内に川へ飛び込む人が増えてきて、「君達も入れ！」と言われたが、どうしても恐くて、川に入っても助からないのだから嫌だと言って、又浜町公園の方へ戻ってうずくまっていた。そこへ一人の兵隊さんが来て、「君たち、お父さんお母さんはいないの？」と聞かれた。死んでしまっていないと答えると、「三人だけ？」「はい！」「じゃ、僕の後についておいで！」と公園の中に入れてくれた。「僕が来るまでここに！」と言われ、暗闇の中でよく見ると火薬庫と書いてあり驚いた。その内兵隊さんが戻って来て、「ここも危ないからこっちへ！」と今度は高射砲の下に連れていかれた。そうこうしている内に空が明るくなってきて、その兵隊さんの親切に涙が出るほど嬉しかった。そのうちあちこちから遺体や負傷者がタンカで運ばれてきた。

外へ出ると、あちこちに真っ赤になった焼死体や真黒な遺体があり、明治座の前には沢山の遺体と位牌がいくつも置かれてあった。避難者がそこへ置いていったらしい。

弟妹を残して、甘酒横丁の叔父の店に行くと、叔父も生き延びていて「叔父様～！」と叫ぶと「おお、生きていたか～！」「チビたちは？」「二人とも無事です！」叔父は、すぐに迎えに行ってくれて、私達は、涙々で抱き合って喜び合った。叔母も電話局のトイレの中に逃げ込んで助かっていた。会う人誰もが大火傷やケガ人ばかりの中で、私達は不思議と怪我一つなかったのです…。』

東京大空襲については、残虐非道、計画的に無辜の民を狙ったジェノサイドであり、決して許されることではないが、今は地元の人々の記憶からさえ消え去ろうとしている。

3．新田新作氏と三田政吉氏

戦後の明治座は、大空襲の惨状から立ち上がろうと昭和二十四年に結成された「明治座設立発起人準備委員会」の顔ぶれに、其々の思いや立場の勢力図が見えてくる。発起人総代に三輪善兵衛（ミツワ石鹸店主）、副総代に新田新作（新田建設）、と広瀬太次郎（三井呉服店）。法定発起人に柳橋花柳界から田中義男、と稲垣平十郎。葭町から三田政吉他19名。準備委員として伊藤鈴三郎（松坂屋）、大谷竹次郎（松竹）、田辺元三郎（田辺製薬）、など総勢34人。勿論この後は、新田時代の明治座が始まっていくのだ。

そして、戦後の明治座は、新田新作、三田政吉の両氏に尽きるという。新田新作氏の名前は、浜町界隈では、未だ空気の一部として残っている。昭和二十三年に「隅田川川開きと花火大会」を開催し、昭和二十四年に浜町公園での戦後初の「大相撲浜町場所」を開催するなど、浜町を舞台にして、まるで自身が活劇スターの如く、スリルとサスペンスの人生を駆け抜けたように見える。「光と影の快男児」と表現したらお叱りを受けるだろうか。

力道山を始め華やかな人脈の海を、新田新作というブランドで鮮やかに走り抜いた。わずか五十年の短か過ぎる怒涛の達人に、心から敬意を表したい。

そして葭町組合長で料亭濱田屋の二代目三田政吉氏。新田新作急逝の後を受けて明治座の経営を引き受け、ご自身でも数々の事業を起こし、「商人は誠実でなければ…」が信条の大実業家。劇場経営についても「新しいものをやるにしても、日本人の心を打つものを…」と下町の劇場・明治座らしさへの拘りを語っている。社員、お得意様への心配りなど仁徳の誉れも高く九十一歳で亡くなられたが、築地本願寺での葬儀には、参列者が五千人に及んだという伝説の三田政吉翁。生前、一度でもお会いしたかった。

お二人を語る資料は数多あるし本稿の主旨ではないので、ご遺徳を偲びつつ閉じたい。料亭やホテル業は、お客の質が繁盛と品格を決めるというが、そのお客も遊び方も様変わりした現代社会で、現在の明治座社長で玄治店濱田屋社長三田芳裕氏には、芳町浜町の文化を一身に背負ってのかじ取り、さぞかしご苦労が多いのでは愚考している。

町民行政が一体となっての応援策など、何か図られているのだろうか。以前、ミラノのスカラ座を訪れた際､丁度その日はバレエ「胡桃割り人形」が上演されていて小学生達で一杯だった。聞けば童話作家A・ホフマンの生誕記念日とかで、市に招待されているとのこと。芸術家と同時に、子供達、劇場と其々を支援していく態勢、考え方にさすがオペラ大国イタリアだと感心した。消えゆく日本の文化保存のためにも歴史と伝統の中央区は、地元の子ども達と明治座の交流は特に大切だと思うが…。（いつかは、明治座での『浜町音頭総をどり（?）』の実現も期待して…。）

4. ありがとう、木村錦花・富子ご夫妻

生まれも育ちも明治座で、役者であり劇作家の木村錦花が、同じ地元の佐藤長祐に、松竹の

大谷竹次郎や二代目左團次らを引き合わせ、「浜町音頭」誕生に重要な関わりをつくってくれたキーマンであったと想像する。

錦花の妻で作家の富子は、浜町音頭の作詞に加え、昭和四年六月に明治座での同名の舞台脚本も担当している。勿論これには劇作家でもある夫の錦花が甲斐甲斐しく富子を支え、生涯最大の夫婦合作の舞台となった筈だ。

二人のプロフィールを語るにはあまりにも資料が少ない。それは多分二人が表面に出ることが少ない明治座人生で、裏方に徹することに生涯徹したからに他ならないし、そのことこそが錦花夫妻の人間性の実像のような気がしている。実直な職人肌で、苦労苦難を日常のこととして、媚びるでもなく嫉むでもなし、ただ積み重ねてきた人生を精一杯全うする。そんな錦花に寄り添う富子夫人像が浮かんでくる。錦花の積み重ねた芝居人生の著作として「興行師の世界」「三角の雪」「日本演劇大辞典」等があるが、「明治座物語」は、昭和三年震災復興の明治座に合わせて、これまでの公演の概要を自身の記憶で纏めたものだ。

その序文に座主で花形スターの左團次の挨拶文がある。ここから読み取れる錦花と左團次の位置づけや、二人の関係が伝わってくるので紹介しておこう。

『序にかえて

明治座が再築されて目出度く開場することになりました。木村錦花君が「明治座物語」を編纂されてその記念の一つにすることになりました。

「明治座物語」とは言うまでもなく明治座の歴史でありまして然かも同劇場が遠く喜昇座、久松座、千歳座と呼んだ昔から、明治座と称し不幸にもかの関東大震災のために烏有に帰する迄の著者の苦心研究になる記録であります。そもそも明治座は三十有余年の間、父にとっては最後までの奮闘場であり私にとっては思い出深い修業道場であったのであります。おそらく「明治座物語」の大半は父と私が歩んできた懐かしい足跡と申しましても過言ではありますまい。

著者木村錦花君は、私等父子と共に明治座に育った方であります。ここに於いてか木村君の胸中も亦思い知るべきものがあります。

昭和三年如月十二日　残雪の朝　市川左團次しるす』

「ここに於いてか木村君の胸中も亦思い知るべきものがあります。」の言葉に、寡黙で実直な仕事人、錦花の人柄と彼を労わる左團次の心が伝わってくる。木村富子の「浜町音頭」に込めた思いもぜひ聞いてみたかった。

「浜町音頭」の演目で、明治座の舞台を二人三脚で飾ってくれた、木村夫妻の名前とご恩も私達は忘れてはならない。

5．鎮守の神さま

災害大国日本列島でも特に首都東京は、江戸期以来その人口密集度ゆえに突出したストレスを抱えて、日々の営みが展開されてきたであろう。天災人災の中で人々の苦しみを支えてくれた信心は「困った時の神頼み」とはいえ、人間の心の究極の領域だ。

特に歴史的に火災の恐怖を繰り返し味わってきた江戸期から、特に地元町民と心のつながりの深い、神社仏閣を紹介しておかねばならない。

○笠間稲荷神社東京別社のこと

寿老人は長寿の神にして、人々の運命を開拓して下さる福徳長寿の守護神とされる。

浜町金座町会に位置し、五穀をはじめ水産、殖産の守護神として信仰されてきた。この地はもも徳川五代将軍綱吉の寵臣、牧野成真の拝領地の一部で、邸内に稲荷社が祀られていた。楓荷杜が祀られていた。綱吉がこの浜町邸にお成りの節には参拝したという。たまたま牧野氏は一七四七年（延亨四年）笠間城主となり笠間稲荷神社を崇敬し、誠を尽くした。明治の廃藩後は公認神社として独立した。

日本三代稲荷の一つ茨城県笠間稲荷神社の東京別社。紋三郎稲荷とも称される。また明治座にも、新田新作時代に笠間稲荷神社分霊が奉祀されている。明治座の先住地はこの神社の隣だったのだ。当時は久松町だったが、明治座の移転に合わせて、佐藤長祐氏が浜町金座町会に編入させるため、区面を変更した由。

○清正公寺

日蓮宗寺院で熊本本妙寺の別院。一八六一年（文久元年）に、細川藩主細川斎護が熊本本妙寺に安置する加藤清正公の分霊を勧請して、当地にあった下屋敷に創建。加藤清正公を祀り、明治維新後には一時加藤神社と称したという。

明治七年細川護之の発願によって一般の参拝を許した。明治十八年仏式に戻して清正公寺堂と改称。管理を熊本本妙寺に委託、本妙寺別院となした。

浜町の氏神として大正十二年迄続いたが、震災によって一切を焼失し、敷地も，浜町公園の設置によって失うに至った。その後復興と戦災での焼失を繰り返し、現在の地下三十坪、階上二十五坪の公堂が再建された。

今は表立っての活動は少ないが、浜町音頭の詞の中にも出てくる『お勝守りを肌身につけりゃ、こころ清正、気も強い』と唄われた時代を。冥界の清正公が、誰よりも懐かしんでいると思われる。

○水天宮

水天宮は水神信仰、母子神信仰の神社で、北九州久留米市や北海道小樽市と並んで鎮座する神社であったが、いまは東京水天宮として独立している
歴史を辿れば、祭神は宇宙創造の神「天御中主大神（あめのみなかぬしおおかみ）」「安徳大皇」「建礼門院」「二位ノ尼」で、水難よけと安産祈願の神徳から久留米藩主有馬家は厚く崇敬していた。

文政元年（一八一八年）十月有馬頼徳公が、本宮（久留米）から祭神の分霊を当時の江戸邸内、芝赤羽の屋敷の西北隅、中の橋寄りに勧請そして毎月五の縁日に限り開放し、庶民参詣を許した。明治維新後藩邸の上地と共に一時赤坂に移され、明治五年（一八七二年）十一月、今の日本橋蛎殻町に移り、明治十一年からは一般の参拝もなされる神社として公認された。

江戸時代、参拝の妊婦が鈴乃緒（鈴を鳴らす晒しの鈴紐）のお下がりを頂いて腹帯として安産を祈願したところ、非常に安産だったことから人づてに御利益が広まり、その後特に戌の日に安産祈祷をするようになった。

もともとは有馬家下屋敷の屋敷神だったので、明治時代には一日、五日、十五日の三日間に限って一般の参詣者に開放していたのだが今日では、水天宮様の縁日は五日と決められていて、正月と五月と九月がが例祭と決められている。

○日本橋七福神めぐり

七福神は、商売繁盛の「恵比寿神」技芸上達の「弁財天」が其々で祀られているので、人形町界隈だけで全部で八社九神の福運にあやかれる。

七つの福運という考えは、室町時代に発祥した七福神めぐりから、江戸時代では太田蜀山人らの文人墨客が、向島の百花園を中心に七福神を祀る社寺を作り、正月にそれを巡ったのが起源といわれる。日本橋の場合は珍しくすべて神社で構成。小一時間で回れるパワースポットとして人気がある。

「水天宮（弁財天）」「松島神社（大黒神）」「末広神社（毘沙門天）」「笠間稲荷神社（寿老神）」「椙森神社（恵比寿神）」「寶田恵比寿神社（恵比寿神）」「小網神社（布袋神）」「茶ノ木神社（布袋神）」

これら神社の界隈には、銘菓を扱う老舗や飲食店が軒を並べており、それも正月などの参拝客には人気で、毎年の恒例行事になっているようだ。

6. 浜町公園への本花道「甘酒横丁」

「浜町音頭」に拘りながら、浜町界隈の歴史の旅はいよいよゴール目前。

本花道、人形町から浜町公園への道行きだ。

人形町駅から四百メートルの浜町への大動脈、誰もが大好きな古き良き時代の下町の面影を残している、「甘酒横丁」に少しでも触れておかねばと思う。

とうふの「双葉」そぱの「東嶋屋」すしの「関山」せんべいの「草加煎餅店」伝統を守る三味線の「ばち英」東京でただ一軒となってしまった「岩井つづら店」など、勿論名店ばかり。全部はとても紹介出来ないが、筆者がヘエっと驚いた情報をお届けする（とても諸兄姉の情報力には及ばないが…）。


最初はやはり、豆腐専門店『双葉』だ。

明治初期に、この地に尾張屋という名の甘酒屋があり大繁盛。店の前の通りが甘酒を飲む人たちで溢れ返ったことから、地名の由来となったという。

昭和三十八年に尾張屋が閉店し、後を引き継いだのが「双葉」だ。途絶えかけた甘酒横丁の名物は、お陰で今も味わうことが出来る。双葉は豆腐の専門店。お奨めは耐熱ガラスにはいった「湯豆腐」。そのままレンジに入れるだけで熱々が頂ける由。

次は、行列が絶えない向かいのたい焼きの『柳家』。

多い日で千八百個を焼き上げるそうだ。麻布十番の「浪花家総本店」と四谷の「わかば」がたい焼きの御三家で、味も甲乙つけがたいとか。筆者は台風の日に買いに行ったが、それでも四人並んでいた。これも評判店の勲章だ。

「藤倉治療院」は、明治三十五年創業で、幕末の医師吉田久庵を祖とする按摩術の店。日本の二大流派の一つとのこと。「肘揉み」などの秘術を一度は体験してみたい。

「東京演劇かつら」は、歌舞伎で使われるかつらのなんと九十パーセント、ヒト月に二百台ものかつらを役者ごとに合わせて製作しているのだ。

『清水屋』は、江戸期創業の絵草下屋。当時は浮世絵や絵草子(絵入り本)を販売していた。作家谷崎潤一郎の自伝に、清水屋の絵草子に見とれていた少年時代が出てくる。

『草加屋』の手焼き煎餅は、故三代目桂三木助師匠が、弟子に食べられるのを恐れて、金庫の中へ隠したという逸話がある。「おこげ」は、故中村勘三郎が特に所望した限定品。

『錦や』の着物は、歌舞伎俳優の御用逝。「一越江戸小紋」など江戸情緒たっぷりの、たおやかな品や店専属の染め師、刺繍師、模様師たちによる唯一無二の着物や帯がウリ。

ついでに、『浜町緑道』について。中村座と市村座の小屋があったこの界隈は、江戸歌舞伎の発祥の地。それを記念して「勧進帳の弁慶像」をつくった。毎年三月末には、桜祭りで二千人もの人で賑う。かって井上馨が造った「蛎浜橋」の跡地であり、粋人達が行き交う月の浜町河岸も、今では知る人ぞ知るのみか。栄枯盛衰の商いの変容をネットからの抜粋で恐縮だが、実態はお問い合わせの上で訪れて頂きたい。ご利用願いたい。

その傍に建つ『日清紡』繊維の会社だなといつも何気なく通り過ぎてきたが、驚いた。自動車ブレーキ用摩擦材のシェアは、世界一なのだと、びっくり低頭です。

明治座は目と鼻の距離、最後はご存知、和菓子の銀座あけぼの浜町店。ここが本社で、お店は日曜祭日も営業というのがうれしい。

ここではとても紹介しきれないが、いずれにしても中央区日本橋の名に恥じない逸品が揃う道。歩いているだけで自慢したくなる、レトロで優しい和風味の商店街だ。言うまでもなく人形町があって、甘酒横丁があってこその「浜町」である。

第十六章　エピローグ

窓のすぐ向こうに、空さえ覆う巨大ビル。当方は15階、見上げる相手は19階建の明治座ビル。冬寒の朝、午前中の二時間貴重な太陽光を奪う憎らしい筈のこのビルがなぜか愛おしい。佐藤長祐院長も、高さこそ違えこの位置からこうして明治座を感じていたと思うからだ。

『浜町音頭保存会』の福田昭三会長に出会って浜町を実感し、爾来この浜町で潮干狩りのように興味を掘り当て、また立石晴康先生、高橋伸治氏や加藤徳行氏など町の幹部の皆さま、沢山のお顔馴染みも増えて、暮らしやすい日本一の町だと、心底感謝している。毎年八月の中央区主催「大江戸盆踊り大会」では、眼下に広がる浜町運動公園一杯に、立錐の余地もない浴衣の群舞のパノラマを見せてもらっている。（少し遠景だが…。）

ある時、どうして地元浜町の唄がないのだろうと思い、『浜町美人音頭』なるものを書いて、四十年来の友人で作曲家の山本寛之氏に曲を付けてもらい、福田会長に提案した。保存会の青木好江先生が、小粋な振りを付けて下さって、今では大勢の人が踊って下さっている。勿論福田昭三さんのデビュー？　曲でもあるが、窓外から流れてくるこの唄を聞いていると、大浜町を自分の手でチョッピリ故郷化できたような気がして、すごく贅沢気分になれるのだ。（エラソー！）

昭和四年、震災後の暗い世相の中、区画整理事業がようやく終わり、瓦礫の中から新しい浜町と浜町公園（そして明治座も）が誕生し、町民が希望の産声を上げた。そして、佐藤長祐氏の肝煎りで生まれたその復興の産声こそ、「浜町音頭」である。艱難辛苦を克服し、自らの命と引き換えにしてと言っても過言ではない、佐藤長祐氏の浜町文化を世に導き出してくれた功績に対して、いま我々の評価は十分とは思えないが、それはこれからの課題として、「浜町音頭」は文字通り地域復興再生の希望と祈りの祝典曲であり、「浜町のシンボル」だ。復興の浜町公園で、都心のいきと品格を添えたその雅（みやび）な音頭踊りに、どれほどの地元町民が感動と再起への希望を胸にしたことであろうか。

集団的ボディーランゲージは、人類の起源に始まる平和の発露であり、輪になって手拍子揃えて、三歩進んで二歩下る、この盆踊りこそ日本人の平和の味覚であると思う。掛替えのない町の宝物「浜町音頭」はいま八十八年目、人間なら米寿を迎えている。偶々の偶然から始まった浜町音頭の調査も、福田会長の『皆さんに伝えてやって下さいよ…！』の一言で火が点いた。「どうせ伝えるなら、全体がよく見える内容にして…、」と年甲斐もなく集中したのだ。資料集めのイの一番に、区会議員の堀田弥生さんが地元大野雅久氏著作の『金座のヒストリー』を届けて下さった。それから中央区の三つの図書館通いが続き、書いている間に後期高齢者となってしまった。（関係ないか！）

二〇二〇年のオリンピック・パラリンピックは、日出ずる国・日本らしい知恵溢れる平和のメッセージに、何らかの形で盆踊り文化を加えて欲しいし、結果はどうあれ今そのスタート台であると考えて準備をしていかねばならないと思う。だから、激動の時代を克服された先人たちへの敬意謝念は、知るほどに深くなる。受け継ぐ我々は、町の復興のシンボル、音頭踊りの魁・先駆者としての誇りを持って、「浜町音頭」を次世代に伝えていかなければならない。その為には、まず覚えて「踊る」（体感する）こと。思えば楽しい労力だ。浜町のアイデンティティを再認し、町が宿す『いき』の体現者として、気概を示す。町の幹部の皆さまには、「盆踊りの町、浜町」の会員の増強を、ぜひ町会活動の中心に据えて頂きたいと願っている。

スポーツジャーナリスト増田明美氏の、最近の新聞記事を紹介しよう。

『…日本の盆踊りも凄い人気だ。日系移民が多い南米で行われているのは分かるが、ラプラタという町には毎年一万人以上も集まる。マレーシアのクアラルンプールでは毎年三万人規模の盆踊り大会が開かれ、今や世界各地に広がっている。もともと仏教行事であったものが娯楽に変わったのだが、日本人の精神をよく表していると思う。
盆踊りの良さは開放性だ。誰でも参加でき、踊りが簡単である。櫓を中心に輪になって踊るから一体感も生まれる。日本を代表する文化としてどんどん広がりを見せて欲しい。…』

拙著を書き進めるうちに、「二つの思い」が交錯している自分に気付いていた。行動を伴わない評論家のような自分の弱みと、もう一つは、視点と主張の多くが自分だけの偏見独断ではないかという不安である。

それには、「自分はこう考えたが、あなたのご意見をお聞かせ下さい？」と心の内に、次への判断基準（指針）を取材し、常に研鑽するという決意である。私と同じように新町民としてこの町に住み、「浜町音頭」と出会った方々に祝福されて、「浜町音頭」がもっと発展できるのか、時代モノと切り捨てられるのか、それが今回の本著が目指した挑戦目標である。そして浜町、明治座、浜町公園、浜町音頭、粋筋文化、復興に献身された人々、これらが曼荼羅のように繋がって、浜町の「今」があるという歴史物語を、「浜町音頭」を通じて広げ、この町の子供たちに伝え残したいと願望している。

佐藤長祐氏という町の大功労者、そして浜町の文化「浜町音頭」の事実上のプロデューサー、その佐藤医院が存在した跡地で、いま自分が起居していると知った時、何か運命的な戦慄が走った。人は皆、自分の時代をそれなりに熱く生きたいと願っているが、何れは生きた時代とその地域社会に対して、体験によって得たものをお返ししなければならないと思う。そして最後は、親や周囲への感謝を思わずにはいられない。山に登れば、見えないものが見えてくる。しかしもっと高い山のあることも思い知らされる。気高い山、険しい山、遠くの山々を望み、力及ばずの気分で今は筆を置くが、先達諸公のご鞭撻を賜り、またいずれの日にか、と挑戦意欲だけは残している。

【その意味で、未完】

最後までお読みいただき、多謝。

『浜町音頭で町興し』対談記事

ご出演：小川喬子さん（小料理卯乭世経営。元芳町芸妓）
山田満喜子さん（長唄、杵屋彌三満喜。元浜町音頭地方指導）
花柳美江三郎さん（日舞花柳流、浜町音頭師範）

先頃行われた『浜町音頭保存会創立七十周年記念公演』での舞台公演を見て、古きよき時代から「浜町音頭」に関わってこられたお三方に、率直にその感想を語って頂いた。古いアルバムなどを広げながら話は弾み、日本の文化を支えてきたお三方の口から、伝統の技芸の世界が、いかに厳しく磨かれ続けてきたかを、今更に確認する場となった。食べて生きることが苦難の戦中戦後の社会で、厳しい芸道を歩まれた地元の達人たちの強靭さ優しさに圧倒され、なんとも心地よい時間であった。

座談内容から、ここでは現状の「浜町音頭」に焦点を絞り込み、要点のみ記述して、今後の発展のためのエールとしたい。

現在の「浜町音頭」に対する、率直な感想を？

○「七十周年の浜町音頭の踊りを久し振りに見て、違和感があった。特に唄、それに三味線もおかしい」

○「昔はテンポがもっと速かったわ。今のは見ていて眠くなるわね」

○「昔の、芸者さんが歌っているテープを聞いても、もっとテンポが速い。」

○「ホントは太鼓が入るのよね。浜町踊りはヨーイヤサ～、トコトントントンそしてお三味と…。鼓をされていた方はリズムが分かるから。今回はリズムがわからなかった」

○「浜町踊りは～、ときて、間をおいて、ヨーイヤサ…（と身振りでテンポ再現）」

○「私は昔、家元の弾いたテンポが今でも耳に残っている」

○「昔のお師匠さんの教え方は恐かった。バチで叩かれるんじゃなく、バチが飛んでくるんだからね」

○「今、踊っている方は初めから、浜町音頭になじみがない人が多いから」

○「盆踊りの時は好きに踊ってもいいけど、舞台での浜町音頭は品よく踊らなければダメなのよ。東京音頭や、炭坑節とは違うのよ」

○「浜町音頭が、長唄だって知らない人もいる」

○「昔は芸者さんとか上手な人しか踊ってなかったから、今の踊りとは別の踊りに見える。もっとサクサク踊って華やかだった」

○「わたしはあの日、巳太郎さん、今は人間国宝の杵屋浄貝先生と、並んで観ていたんだけど、先生も大変ですねって言ったのよ。もっと頑張らなくては、人間国宝の先生に指導してもらってるなんて、言えないでしょう?」

○「知ってる人は分かるから、恥ずかしいわよね。勝太郎さん、市丸さん、先代の水谷八重子さん、石井さんの奥さん、有名料亭の女将さん、みんな応援してくれていたんだから」

○「浜町音頭は舞台踊りも多かったからね。舞台で踊るからには着付が大切です」

○「いまは浴衣の着付けでも、足なんかも出してるし、汚いから先生に見せてちゃんとしないと…!　盆踊りじゃなく舞台なんだから」

○「背中の帯の大きさが、バラバラなのもよくないし」

○「生真面目に聞いてくる人はいるし、その方は好くなっているのよ」

○「踊る人に言いたいことは、これから舞台に出て行くという気構えがあるのか？」

○「男性で、あんまりなよなよと踊っている人がいたから、わたし後で注意したのよ」

○「好きで入って来ているんだから、人数が減ったら困るからと、遠慮していることもあるのよ」

○「舞台の時は、多人数出す必要はない。華がないのなら、舞台にだすべきじゃない。教えてる人は誰って、聞きたくなる」

○「下手な注意をすると、不公平じゃないのとか、あの人ばかり贔屓ばかりして、となるのよ」

○「舞台となるとみんな出たがるの。自分は出来るとみんな思っているから」

○「今は事務局がしっかりしていて、言うことも聞いてもらえないの」

○「踊りは先生に見てもらうもの。先生の言うことを聞かないのが、おかしいのよ」

○「芸者の世界では、昔は一人間違ったらお蕎麦を奢るという罰則まであったの。五十人前のお蕎麦よ」

○「芸事はお金がかかるもの。タダだと思うと安易になるのよ」

五輪を迎える中央区の、娜土芸能丁浜町音頭月の再生のために、ご協力の気持ちは？

○「今は、役員さんも増えて、いろんなことを言われるし、事務局も難しいの。でも、二十七年間一度も私はお稽古を、休んだことはありませんよ」

○「浜町音頭のお役にたてるなら、もう舞台には立てないけれど、三味線で若い人が習いたいと思うなら、協力する気持ちはあります」

○「自分を買い被って言う訳じゃないけど、地方で言うなら、私に合わせに来る位の人なら大丈夫。

○「地方が大切。今のテンポは遅いし、間がはずれたら踊れないじゃない」

○「舞台用にと、振りや絡み等、状況に合わせて一部振りを替えてもいます」

○「芸事は先生の言うことがすべて。絶対の世界なの。出来なければ出来るまで残って、さらってもらうこと。

○「もう若くはないけど、地元のためだから私達に出来ることは協力します」

―二〇一八年三月二十四日、人形町、卯兵世にて―

以上、座談は二時間を超えてもなお盛り上がり、話の一つ一つが往時の様子をリアルに映し出す貴重な資料となった。また「浜町踊りはヨーイヤサ～」と口ずさむだけで、身振り手振りが自然と動き出す姿に浜町音頭の神髄を感じ、伺った話を後世に伝える重要な役目を担ったと、身の引き締まる思いであった。お三方には改めて感謝申し上げる。

【資料一】浜町音頭関連年表

年号	時代	ことがら
一四五六年		太田道灌、江戸城の基礎
一五九二年		家康　江戸入府
一六〇三年		家康　征夷大将軍に「当代記」に出雲阿国
一六〇四年		日本橋完成、五街道、
一六一四年		慶長見聞録
一六一七年	（元和元年）	第一次「吉原」誕生「久松町」誕生
一六二四年	（寛永元年）	江戸歌舞伎始まり（猿若座）江戸府内に芝居小屋
一六三二年	（寛永九年）	千代田区と周辺台地
一六九三年	（元禄六年）	新大橋完成
一六五九年	（万治二年）	両国橋完成
一七一三年	（正徳三年）	「深川」江戸市中へ

一七一四年（正徳四年）　江島生島事件、江戸三座へ
一七一七年（享保二年）　江戸川開き
一八六六年（慶応二年）　薩長連合
一八六八年（明治元年
一八七〇年（明治三年）　三代目藤間勘衛門、生誕
一八七一年（明治四年）　京都府　武家地浜町
一八七二年（明治五年）　「都をどり」誕生
一八七四年（明治七年）　警視庁　三井物産の前身「先取会社」
一八七五年（明治八年）　久松警察署
一八八八年（明治二十年）　「明治一代女」の事件
一八九〇年（明治二十三年）　三代目杵屋栄蔵、生誕
一九一二年（明治四十五年）　新大橋
一九二三年（大正十二年）　関東大震災
一九二七年（大正十四年）　「東をどり」誕生

一九二八年（昭和三年）　「モボ・モガ」時代　清洲橋、錦糸公園完成
一九三〇年（昭和四年）　浜町公園、『浜町音頭』、完成
一九三一年（昭和六年）　隅田公園、天皇行幸、
一九三二年（昭和七年）　丸の内音頭、深川音頭
一九三三年（昭和八年）　人形町、『東京音頭』
一九三五年（昭和十年）　歌謡曲「明治一代女」
一九四一年（昭和十六年）　太平洋戦争（〜一九四五年）
一九四八年（昭和二十三年）　「浜町音頭」復活第一回大会
一九五〇年（昭和二十五年）　「浜町音頭保存会」結成
一九六〇年（昭和三十五年）　復活十五周年、再吹込み、図解書、
一九九三年（平成五年）　「新明治座」完成

【資料二】 東京音頭

作詞 西條八十 作曲 中山晋平
唄 小唄勝太郎 、三島一声

一、
ハア 踊り踊るなら チョイト 東京音頭 ヨイヨイ
花の都の 花の都の真ん中で サテ
ヤットナ ソレ ヨイヨイヨイ ヤットナ ソレ ヨイヨイヨイ

二、
ハア 寄せて返して チョイト 返して寄せる ヨイヨイ
東京繁盛の 東京繁盛の人の波 サテ
ヤットナ ソレ ヨイヨイヨイ ヤットナ ソレ ヨイヨイヨイ

三、

ハア　昔や武蔵野　チョイト　ススキの都　ヨイヨイ
今はネオンの　今はネオンの灯の都　サテ
ヤットナ　ソレ　ヨイヨイヨイ　ヤットナ　ソレ　ヨイヨイヨイ

四、

ハア　花は上野よ　チョイト　柳は銀座　ヨイヨイ
月は隅田の　月は隅田の屋形船　サテ
ヤットナ　ソレ　ヨイヨイヨイ　ヤットナ　ソレ　ヨイヨイヨイ

五、

ハア　幼馴染の　チョイト　観音様は　ヨイヨイ
屋根の月さえ　屋根の月さえなつかしや　サテ
ヤットナ　ソレ　ヨイヨイヨイ　ヤットナ　ソレ　ヨイヨイヨイ

六、

西に富士の峰　チョイト　東に筑波　ヨイヨイ

音頭とる子は　音頭とる子は真ん中に　サテ

ヤットナ　ソレ　ヨイヨイヨイ　ヤットナ　ソレ　ヨイヨイヨイ

【資料三】浜町美人音頭

作詞、小木一央　作曲、山本寛之　編曲、猪俣義周
振付、青木美江三郎　お囃子、高橋秀竹　唄、福田昭三

一、

ご機嫌お江戸は　日本橋（日本橋）（ア、ソレ　ソレ　ソレ）
お待たせ今夜は　月の宴（月の宴）（ア、ソレ　ソレ　ソレ）
浜町音頭と　祭り唄
やぐら提灯　笛太鼓
婀娜めく浴衣の　揃い踏み　（ア、ソレ）
いなせな若衆が　もてはやす（ア、ソレ）
浜町美人が浜町美人が　よよいっとな　あ、よよいっとな

二、

甘酒横丁に　灯がともりゃ（灯がともりゃ）（ア、ソレ　ソレ　ソレ）
浜一　二丁目　三丁目（三丁目）（ア、ソレ　ソレ　ソレ）
明治座あたりは　恋八丁
野暮と無粋は　お断り
今宵はあなたと　隅田川（ア、ソレ）
見上げりゃ天突く　天樹さま（ア、ソレ）
浜町美人が浜町美人が　よよいっとな　あ、よよいっとな

三、

人形町には　お富さん（お富さん）（ア、ソレ　ソレ　ソレ）
浜町河岸なら　あのお梅（あのお梅）（ア、ソレ　ソレ　ソレ）
巳之吉もどきに　口説かれて
浮いた浮いたで　清洲橋
新大橋から　恋しぐれ（ア、ソレ）

両国橋では　押し相撲　(ア、ソレ)
浜町美人が浜町美人が　よよいっとな　あ、よよいっとな

【参考文献／資料】

『いき』の構造（九鬼周造著）
辻達也「江戸開府」
中央区沿革図集（「日本橋区―大区小区時代」）
東京を江戸の古地図で歩く本（ロム・インターナショナル）
山本博文「江戸を楽しむ・三田村鳶魚の世界」
常盤新平「時代小説の江戸・東京を歩く」
「中央区史」（中央区刊）
「濱町誌」（震災復興記念誌）昭和四年発刊
窪田悟郎「濱町史」上巻
窪田悟郎「濱町史」下巻
炎の街に消えた浜町（窪田悟郎編集）
窪田悟郎「浜町年表とその成立」

佐藤誠「日本橋医師会前史記録集成（下）」より随筆「かきがら—浜町音頭」
文学に描かれた隅田川・浜町とその付近
浜町三丁目東部町会五十年史（編集人平賀孝男）
浜町小学校百年史（発行責任者窪田悟郎）
木村錦花「明治座物語」
木村錦花「興行師の世界」
木村錦花「三角の雪」
「人形町」（昭和五十一年度十月発行）
小林信彦「日本橋バビロン」
大野雅久「明治座界隈、金座のヒストリー」
「東京花街粋な街」（街と暮らし社）
「東京六花街、芸者さんから教わる和の心」ダイヤモンド社
安原真琴「ＮＨＫラジオ講演録」より

カバーデザイン　水野卓史

一九三三年十一月二十一日生まれ　大阪府大阪市西区出身
一九五五年　多摩美術大学卒業後、株式会社資生堂に入社
一九八〇年十一月　資生堂を退職し、水野卓史デザイン室を設立
一九六〇年代の化粧品広告、広告デザイン史の時代を牽引し、資生堂宣伝文化部顧問として精力的に活動し現在に至る

著者略歴

著　者…　小木　一央（小林一三）
一九四一年十一月九日　北九州市小倉出身
一九六五年　学習院大学卒
　同年　株式会社資生堂入社
一九六七年より、中央区（銀座・日本橋浜町）に五十年のご縁
一九九六年より、浜町二丁目金座町会　住民
一九九八年十一月　資生堂退職、有限会社美研設立
現職にて「イベントプロデュース」「作詞」活動等にて現在に至る

浜町音頭で町興し

中央区・日本橋の誇りあるソフトレガシー

2017年8月25日　第1版第1刷発行
2021年8月15日　増補版第1刷発行

著　者　小木一央
協　力　リモートワーク／高野大輔
発行者　恩蔵良治
発行所　壮神社（Sojinsha）
〒102-0093　東京都千代田区平河町2-2-1-2F